T&P BOOKS



# NOORS

WOORDENSCHAT

THEMATISCHE WOORDENLIJST

# NEDERLANDS NOORS

De meest bruikbare woorden
Om uw woordenschat uit te breiden en
uw taalvaardigheid aan te scherpen

**3000 woorden**

**Thematische woordenschat Nederlands-Noors - 3000 woorden**
Door Andrey Taranov

Woordenlijsten van T&P Books zijn bedoeld om u woorden van een vreemde taal te helpen leren, onthouden, en bestudering. Dit woordenboek is ingedeeld in thema's en behandelt alle belangrijk terreinen van het dagelijkse leven, bedrijven, wetenschap, cultuur, etc.

Het proces van het leren van woorden met behulp van de op thema's gebaseerde aanpak van T&P Books biedt u de volgende voordelen:

- Correct gegroepeerde informatie is bepalend voor succes bij opeenvolgende stadia van het leren van woorden
- De beschikbaarheid van woorden die van dezelfde stam zijn maakt het mogelijk om woordgroepen te onthouden (in plaats van losse woorden)
- Kleine groepen van woorden faciliteren het proces van het aanmaken van associatieve verbindingen, die nodig zijn bij het consolideren van de woordenschat
- Het niveau van talenkennis kan worden ingeschat door het aantal geleerde woorden



T&P Books Publishing
www.tpbooks.com

ISBN: 978-1-78492-386-0

Dit boek is ook beschikbaar in e-boek formaat.
Gelieve www.tpbooks.com te bezoeken of de belangrijkste online boekwinkels.

# NOORSE WOORDENSCHAT
## nieuwe woorden leren

T&P Books woordenlijsten zijn bedoeld om u te helpen vreemde woorden te leren, te onthouden, en te bestuderen. De woordenschat bevat meer dan 3000 veel gebruikte woorden die thematisch geordend zijn.

- De woordenlijst bevat de meest gebruikte woorden
- Aanbevolen als aanvulling bij welke taalcursus dan ook
- Voldoet aan de behoeften van de beginnende en gevorderde student in vreemde talen
- Geschikt voor dagelijks gebruik, bestudering en zelftestactiviteiten
- Maakt het mogelijk om uw woordenschat te evalueren

**Bijzondere kenmerken van de woordenschat**

- De woorden zijn gerangschikt naar hun betekenis, niet volgens alfabet
- De woorden worden weergegeven in drie kolommen om bestudering en zelftesten te vergemakkelijken
- Woorden in groepen worden verdeeld in kleine blokken om het leerproces te vergemakkelijken
- De woordenschat biedt een handige en eenvoudige beschrijving van elk buitenlands woord

**De woordenschat bevat 101 onderwerpen zoals:**

Basisconcepten, getallen, kleuren, maanden, seizoenen, meeteenheden, kleding en accessoires, eten & voeding, restaurant, familieleden, verwanten, karakter, gevoelens, emoties, ziekten, stad, dorp, bezienswaardigheden, winkelen, geld, huis, thuis, kantoor, werken op kantoor, import & export, marketing, werk zoeken, sport, onderwijs, computer, internet, gereedschap, natuur, landen, nationaliteiten en meer ...

# INHOUDSOPGAVE

# UITSPRAAKGIDS

| Letter | Noors voorbeeld | T&P fonetisch alfabet | Nederlands voorbeeld |
|---|---|---|---|
| Aa | plass | [ɑ], [ɑ:] | acht |
| Bb | bøtte, albue | [b] | hebben |
| Cc [1] | centimeter | [s] | spreken, kosten |
| Cc [2] | Canada | [k] | kennen, kleur |
| Dd | radius | [d] | Dank u, honderd |
| Ee | rett | [e:] | twee, ongeveer |
| Ee [3] | begå | [ɛ] | elf, zwembad |
| Ff | fattig | [f] | feestdag, informeren |
| Gg [4] | golf | [g] | goal, tango |
| Gg [5] | gyllen | [j] | New York, januari |
| Gg [6] | regnbue | [ŋ] | optelling, jongeman |
| Hh | hektar | [ɦ] | hitte, hypnose |
| Ii | kilometer | [ɪ], [i] | iemand, bidden |
| Kk | konge | [k] | kennen, kleur |
| Kk [7] | kirke | [ɦ] | hitte, hypnose |
| Jj | fjerde | [j] | New York, januari |
| kj | bikkje | [ɦ] | hitte, hypnose |
| Ll | halvår | [l] | delen, luchter |
| Mm | middag | [m] | morgen, etmaal |
| Nn | november | [n] | nemen, zonder |
| ng | id_langt | [ŋ] | optelling, jongeman |
| Oo [8] | honning | [ɔ] | aankomst, bot |
| Oo [9] | fot, krone | [u] | hoed, doe |
| Pp | plomme | [p] | parallel, koper |
| Qq | sequoia | [k] | kennen, kleur |
| Rr | sverge | [r] | roepen, breken |
| Ss | appelsin | [s] | spreken, kosten |
| sk [10] | skikk, skyte | [ʃ] | shampoo, machine |
| Tt | stør, torsk | [t] | tomaat, taart |
| Uu | brudd | [y] | fuut, uur |
| Vv | kraftverk | [v] | beloven, schrijven |
| Ww | webside | [v] | beloven, schrijven |
| Xx | mexicaner | [ks] | links, maximaal |
| Yy | nytte | [ɪ], [i] | iemand, bidden |
| Zz [11] | New Zealand | [s] | souperen, rechts |
| Ææ | vær, stær | [æ] | Nederlands Nedersaksisch - dät, Engels - cat |
| Øø | ørn, gjø | [ø] | neus, beu |
| Åå | gås, værhår | [o:] | rood, knoop |

## Opmerkingen

[1] voor **e, i**
[2] elders
[3] onbeklemtoond
[4] voor **a, o, u, å**
[5] voor **i** en **y**
[6] in combinatie **gn**
[7] voor **i** en **y**
[8] voor twee medeklinkers
[9] voor een medeklinker
[10] voor **i** en **y**
[11] alleen in leenwoorden

# AFKORTINGEN
# gebruikt in de woordenschat

## Nederlandse afkortingen

| | | |
|---|---|---|
| **abn** | - | als bijvoeglijk naamwoord |
| **bijv.** | - | bijvoorbeeld |
| **bn** | - | bijvoeglijk naamwoord |
| **bw** | - | bijwoord |
| **enk.** | - | enkelvoud |
| **enz.** | - | enzovoort |
| **form.** | - | formele taal |
| **inform.** | - | informele taal |
| **mann.** | - | mannelijk |
| **mil.** | - | militair |
| **mv.** | - | meervoud |
| **on.ww.** | - | onovergankelijk werkwoord |
| **ontelb.** | - | ontelbaar |
| **ov.** | - | over |
| **ov.ww.** | - | overgankelijk werkwoord |
| **telb.** | - | telbaar |
| **vn** | - | voornaamwoord |
| **vrouw.** | - | vrouwelijk |
| **vw** | - | voegwoord |
| **vz** | - | voorzetsel |
| **wisk.** | - | wiskunde |
| **ww** | - | werkwoord |

## Nederlandse artikelen

| | | |
|---|---|---|
| **de** | - | gemeenschappelijk geslacht |
| **de/het** | - | gemeenschappelijk geslacht, onzijdig |
| **het** | - | onzijdig |

## Noorse afkortingen

| | | |
|---|---|---|
| **f** | - | vrouwelijk zelfstandig naamwoord |
| **f pl** | - | vrouwelijk meervoud |
| **m** | - | mannelijk zelfstandig naamwoord |
| **m pl** | - | mannelijk meervoud |
| **m/f** | - | mannelijk, onzijdig |

| | | |
|---|---|---|
| **m/f pl** | - | mannelijk/vrouwelijk meervoud |
| **m/f/n** | - | mannelijk/vrouwelijk/onzijdig |
| **m/n** | - | mannelijk, vrouwelijk |
| **n** | - | onzijdig |
| **n pl** | - | onzijdig meervoud |
| **pl** | - | meervoud |

# BASISBEGRIPPEN

## 1. Voornaamwoorden

| | | |
|---|---|---|
| ik | **jeg** | ['jæj] |
| jij, je | **du** | [dʉ] |
| hij | **han** | ['hɑn] |
| zij, ze | **hun** | ['hʉn] |
| het | **det, den** | ['de], ['den] |
| wij, we | **vi** | ['vi] |
| jullie | **dere** | ['derə] |
| zij, ze | **de** | ['de] |

## 2. Begroetingen. Begroetingen

| | | |
|---|---|---|
| Hallo! Dag! | **Hei!** | ['hæj] |
| Hallo! | **Hallo! God dag!** | [hɑ'lʊ], [gʊ 'dɑ] |
| Goedemorgen! | **God morn!** | [gʊ 'mɔ:ɳ] |
| Goedemiddag! | **God dag!** | [gʊ'dɑ] |
| Goedenavond! | **God kveld!** | [gʊ 'kvɛl] |
| gedag zeggen (groeten) | **å hilse** | [ɔ 'hilsə] |
| Hoi! | **Hei!** | ['hæj] |
| groeten (het) | **hilsen** (m) | ['hilsən] |
| verwelkomen (ww) | **å hilse** | [ɔ 'hilsə] |
| Hoe gaat het met u? | **Hvordan står det til?** | ['vʊ:ɖɑn sto:r de til] |
| Hoe is het? | **Hvordan går det?** | ['vʊ:ɖɑn gor de] |
| Is er nog nieuws? | **Hva nytt?** | [vɑ 'nʏt] |
| Tot ziens! (form.) | **Ha det bra!** | [hɑ de 'brɑ] |
| Doei! | **Ha det!** | [hɑ 'de] |
| Tot snel! Tot ziens! | **Vi ses!** | [vi sɛs] |
| Vaarwel! | **Farvel!** | [fɑr'vɛl] |
| afscheid nemen (ww) | **å si farvel** | [ɔ 'si fɑr'vɛl] |
| Tot kijk! | **Ha det!** | [hɑ 'de] |
| Dank u! | **Takk!** | ['tɑk] |
| Dank u wel! | **Tusen takk!** | ['tʉsən tɑk] |
| Graag gedaan | **Bare hyggelig** | ['barə 'hʏgeli] |
| Geen dank! | **Ikke noe å takke for!** | ['ikə 'nʊe ɔ 'tɑkə fɔr] |
| Geen moeite. | **Ingen årsak!** | ['iŋən 'o:ʂɑk] |
| Excuseer me, ... (inform.) | **Unnskyld, ...** | ['ʉn,ʂyl ...] |
| Excuseer me, ... (form.) | **Unnskyld meg, ...** | ['ʉn,ʂyl me ...] |
| excuseren (verontschuldigen) | **å unnskylde** | [ɔ 'ʉn,ʂylə] |
| zich verontschuldigen | **å unnskylde seg** | [ɔ 'ʉn,ʂylə sæj] |

| | | |
|---|---|---|
| Mijn excuses. | **Jeg ber om unnskyldning** | [jæj ber ɔm 'ʉn,ʂyldniŋ] |
| Het spijt me! | **Unnskyld!** | ['ʉn,ʂyl] |
| vergeven (ww) | **å tilgi** | [ɔ 'til,ji] |
| Maakt niet uit! | **Ikke noe problem** | ['ikə 'nʊe prʊ'blem] |
| alsjeblieft | **vær så snill** | ['vær ʂɔ 'snil] |
| Vergeet het niet! | **Ikke glem!** | ['ikə 'glem] |
| Natuurlijk! | **Selvfølgelig!** | [sɛl'følgəli] |
| Natuurlijk niet! | **Selvfølgelig ikke!** | [sɛl'følgəli 'ikə] |
| Akkoord! | **OK! Enig!** | [ɔ'kɛj], ['ɛni] |
| Zo is het genoeg! | **Det er nok!** | [de ær 'nɔk] |

## 3. Vragen

| | | |
|---|---|---|
| Wie? | **Hvem?** | ['vɛm] |
| Wat? | **Hva?** | ['vɑ] |
| Waar? | **Hvor?** | ['vʊr] |
| Waarheen? | **Hvorhen?** | ['vʊrhen] |
| Waar ... vandaan? | **Hvorfra?** | ['vʊrfrɑ] |
| Wanneer? | **Når?** | [nɔr] |
| Waarom? | **Hvorfor?** | ['vʊrfʊr] |
| Waarom? | **Hvorfor?** | ['vʊrfʊr] |
| Waarvoor dan ook? | **Hvorfor?** | ['vʊrfʊr] |
| Hoe? | **Hvordan?** | ['vʊ:ɖɑn] |
| Wat voor ...? | **Hvilken?** | ['vilkən] |
| Welk? | **Hvilken?** | ['vilkən] |
| Aan wie? | **Til hvem?** | [til 'vɛm] |
| Over wie? | **Om hvem?** | [ɔm 'vɛm] |
| Waarover? | **Om hva?** | [ɔm 'vɑ] |
| Met wie? | **Med hvem?** | [me 'vɛm] |
| Hoeveel? (telb.) | **Hvor mange?** | [vʊr 'mɑŋə] |
| Hoeveel? (ontelb.) | **Hvor mye?** | [vʊr 'mye] |
| Van wie? (mann.) | **Hvis?** | ['vis] |

## 4. Voorzetsels

| | | |
|---|---|---|
| met (bijv. ~ beleg) | **med** | [me] |
| zonder (~ accent) | **uten** | ['ʉtən] |
| naar (in de richting van) | **til** | ['til] |
| over (praten ~) | **om** | ['ɔm] |
| voor (in tijd) | **før** | ['før] |
| voor (aan de voorkant) | **foran, framfor** | ['fɔran], ['framfɔr] |
| onder (lager dan) | **under** | ['ʉnər] |
| boven (hoger dan) | **over** | ['ɔvər] |
| op (bovenop) | **på** | ['pɔ] |
| van (uit, afkomstig van) | **fra** | ['frɑ] |
| van (gemaakt van) | **av** | [ɑ:] |
| over (bijv. ~ een uur) | **om** | ['ɔm] |
| over (over de bovenkant) | **over** | ['ɔvər] |

## 5. Functiewoorden. Bijwoorden. Deel 1

| | | |
|---|---|---|
| Waar? | **Hvor?** | ['vʊr] |
| hier (bw) | **her** | ['hɛr] |
| daar (bw) | **der** | ['dɛr] |
| ergens (bw) | **et sted** | [et 'sted] |
| nergens (bw) | **ingensteds** | ['iŋən,stɛts] |
| bij … (in de buurt) | **ved** | ['ve] |
| bij het raam | **ved vinduet** | [ve 'vindʉə] |
| Waarheen? | **Hvorhen?** | ['vʊrhen] |
| hierheen (bw) | **hit** | ['hit] |
| daarheen (bw) | **dit** | ['dit] |
| hiervandaan (bw) | **herfra** | ['hɛr,frɑ] |
| daarvandaan (bw) | **derfra** | ['dɛr,frɑ] |
| dichtbij (bw) | **nær** | ['nær] |
| ver (bw) | **langt** | ['lɑŋt] |
| in de buurt (van …) | **nær** | ['nær] |
| vlakbij (bw) | **i nærheten** | [i 'nær,hetən] |
| niet ver (bw) | **ikke langt** | ['ikə 'lɑŋt] |
| linker (bn) | **venstre** | ['vɛnstrə] |
| links (bw) | **til venstre** | [til 'vɛnstrə] |
| linksaf, naar links (bw) | **til venstre** | [til 'vɛnstrə] |
| rechter (bn) | **høyre** | ['højrə] |
| rechts (bw) | **til høyre** | [til 'højrə] |
| rechtsaf, naar rechts (bw) | **til høyre** | [til 'højrə] |
| vooraan (bw) | **foran** | ['fɔrɑn] |
| voorste (bn) | **fremre** | ['frɛmrə] |
| vooruit (bw) | **fram** | ['frɑm] |
| achter (bw) | **bakom** | ['bɑkɔm] |
| van achteren (bw) | **bakfra** | ['bɑk,frɑ] |
| achteruit (naar achteren) | **tilbake** | [til'bɑkə] |
| midden (het) | **midt** (m) | ['mit] |
| in het midden (bw) | **i midten** | [i 'mitən] |
| opzij (bw) | **fra siden** | [frɑ 'sidən] |
| overal (bw) | **overalt** | [ɔvər'ɑlt] |
| omheen (bw) | **rundt omkring** | ['rʉnt ɔm'kriŋ] |
| binnenuit (bw) | **innefra** | ['inə,frɑ] |
| naar ergens (bw) | **et sted** | [et 'sted] |
| rechtdoor (bw) | **rett, direkte** | ['rɛt], ['di'rɛktə] |
| terug (bijv. ~ komen) | **tilbake** | [til'bɑkə] |
| ergens vandaan (bw) | **et eller annet steds fra** | [et 'elər ,ɑ:nt 'stɛts frɑ] |
| ergens vandaan (en dit geld moet ~ komen) | **et eller annet steds fra** | [et 'elər ,ɑ:nt 'stɛts frɑ] |

| | | |
|---|---|---|
| ten eerste (bw) | **for det første** | [fɔr de 'fœʂtə] |
| ten tweede (bw) | **for det annet** | [fɔr de 'ɑ:nt] |
| ten derde (bw) | **for det tredje** | [fɔr de 'trɛdje] |
| | | |
| plotseling (bw) | **plutselig** | ['plʉtseli] |
| in het begin (bw) | **i begynnelsen** | [i be'jinəlsən] |
| voor de eerste keer (bw) | **for første gang** | [fɔr 'fœʂtə ˌgaŋ] |
| lang voor ... (bw) | **lenge før ...** | ['leŋə 'før ...] |
| opnieuw (bw) | **på nytt** | [pɔ 'nʏt] |
| voor eeuwig (bw) | **for godt** | [fɔr 'gɔt] |
| | | |
| nooit (bw) | **aldri** | ['ɑldri] |
| weer (bw) | **igjen** | [i'jɛn] |
| nu (bw) | **nå** | ['nɔ] |
| vaak (bw) | **ofte** | ['ɔftə] |
| toen (bw) | **da** | ['dɑ] |
| urgent (bw) | **omgående** | ['ɔmˌgɔ:nə] |
| meestal (bw) | **vanligvis** | ['vɑnliˌvis] |
| | | |
| trouwens, ... (tussen haakjes) | **forresten, ...** | [fɔ'rɛstən ...] |
| mogelijk (bw) | **mulig, kanskje** | ['mʉli], ['kɑnʂə] |
| waarschijnlijk (bw) | **sannsynligvis** | [sɑn'sʏnliˌvis] |
| misschien (bw) | **kanskje** | ['kɑnʂə] |
| trouwens (bw) | **dessuten, ...** | [des'ʉtən ...] |
| daarom ... | **derfor ...** | ['dɛrfɔr ...] |
| in weerwil van ... | **på tross av ...** | ['pɔ 'trɔs ɑ: ...] |
| dankzij ... | **takket være ...** | ['tɑkət ˌværə ...] |
| | | |
| wat (vn) | **hva** | ['vɑ] |
| dat (vw) | **at** | [ɑt] |
| iets (vn) | **noe** | ['nʊe] |
| iets | **noe** | ['nʊe] |
| niets (vn) | **ingenting** | ['iŋəntiŋ] |
| | | |
| wie (~ is daar?) | **hvem** | ['vɛm] |
| iemand (een onbekende) | **noen** | ['nʊən] |
| iemand (een bepaald persoon) | **noen** | ['nʊən] |
| | | |
| niemand (vn) | **ingen** | ['iŋən] |
| nergens (bw) | **ingensteds** | ['iŋənˌstɛts] |
| niemands (bn) | **ingens** | ['iŋəns] |
| iemands (bn) | **noens** | ['nʊəns] |
| | | |
| zo (Ik ben ~ blij) | **så** | ['sɔ:] |
| ook (evenals) | **også** | ['ɔsɔ] |
| alsook (eveneens) | **også** | ['ɔsɔ] |

## 6. Functiewoorden. Bijwoorden. Deel 2

| | | |
|---|---|---|
| Waarom? | **Hvorfor?** | ['vʊrfʊr] |
| om een bepaalde reden | **av en eller annen grunn** | [ɑ: en elər 'ɑnən ˌgrʉn] |
| omdat ... | **fordi ...** | [fɔ'di ...] |

| | | |
|---|---|---|
| voor een bepaald doel | **av en eller annen grunn** | [ɑ: en elər 'ɑnən ˌgrʉn] |
| en (vw) | **og** | ['ɔ] |
| of (vw) | **eller** | ['elər] |
| maar (vw) | **men** | ['men] |
| voor (vz) | **for, til** | [fɔr], [til] |
| te (~ veel mensen) | **for, altfor** | ['fɔr], ['altfɔr] |
| alleen (bw) | **bare** | ['bɑrə] |
| precies (bw) | **presis, eksakt** | [prɛ'sis], [ɛk'sɑkt] |
| ongeveer (~ 10 kg) | **cirka** | ['sirkɑ] |
| omstreeks (bw) | **omtrent** | [ɔm'trɛnt] |
| bij benadering (bn) | **omtrentlig** | [ɔm'trɛntli] |
| bijna (bw) | **nesten** | ['nɛstən] |
| rest (de) | **rest** (m) | ['rɛst] |
| de andere (tweede) | **den annen** | [den 'ɑnən] |
| ander (bn) | **andre** | ['ɑndrə] |
| elk (bn) | **hver** | ['vɛr] |
| om het even welk | **hvilken som helst** | ['vilkən sɔm 'hɛlst] |
| veel (grote hoeveelheid) | **mye** | ['mye] |
| veel mensen | **mange** | ['mɑŋə] |
| iedereen (alle personen) | **alle** | ['ɑlə] |
| in ruil voor ... | **til gjengjeld for ...** | [til 'jɛnjɛl fɔr ...] |
| in ruil (bw) | **istedenfor** | [i'stedenˌfɔr] |
| met de hand (bw) | **for hånd** | [fɔr 'hɔn] |
| onwaarschijnlijk (bw) | **neppe** | ['nepə] |
| waarschijnlijk (bw) | **sannsynligvis** | [sɑn'sʏnliˌvis] |
| met opzet (bw) | **med vilje** | [me 'vilje] |
| toevallig (bw) | **tilfeldigvis** | [til'fɛldivis] |
| zeer (bw) | **meget** | ['megət] |
| bijvoorbeeld (bw) | **for eksempel** | [fɔr ɛk'sɛmpəl] |
| tussen (~ twee steden) | **mellom** | ['mɛlɔm] |
| tussen (te midden van) | **blant** | ['blɑnt] |
| zoveel (bw) | **så mye** | ['sɔ: mye] |
| vooral (bw) | **særlig** | ['sæ:ḷi] |

# GETALLEN. DIVERSEN

## 7. Kardinale getallen. Deel 1

| | | |
|---|---|---|
| nul | **null** | ['nʉl] |
| een | **en** | ['en] |
| twee | **to** | ['tʊ] |
| drie | **tre** | ['tre] |
| vier | **fire** | ['fire] |
| vijf | **fem** | ['fɛm] |
| zes | **seks** | ['sɛks] |
| zeven | **sju** | ['ʂʉ] |
| acht | **åtte** | ['ɔtə] |
| negen | **ni** | ['ni] |
| tien | **ti** | ['ti] |
| elf | **elleve** | ['ɛlvə] |
| twaalf | **tolv** | ['tɔl] |
| dertien | **tretten** | ['trɛtən] |
| veertien | **fjorten** | ['fjɔ:ʈən] |
| vijftien | **femten** | ['fɛmtən] |
| zestien | **seksten** | ['sæjstən] |
| zeventien | **sytten** | ['sʏtən] |
| achttien | **atten** | ['ɑtən] |
| negentien | **nitten** | ['nitən] |
| twintig | **tjue** | ['çʉe] |
| eenentwintig | **tjueen** | ['çʉe en] |
| tweeëntwintig | **tjueto** | ['çʉe tʊ] |
| drieëntwintig | **tjuetre** | ['çʉe tre] |
| dertig | **tretti** | ['trɛti] |
| eenendertig | **trettien** | ['trɛti en] |
| tweeëndertig | **trettito** | ['trɛti tʊ] |
| drieëndertig | **trettitre** | ['trɛti tre] |
| veertig | **førti** | ['fœ:ʈi] |
| eenenveertig | **førtien** | ['fœ:ʈi en] |
| tweeënveertig | **førtito** | ['fœ:ʈi tʊ] |
| drieënveertig | **førtitre** | ['fœ:ʈi tre] |
| vijftig | **femti** | ['fɛmti] |
| eenenvijftig | **femtien** | ['fɛmti en] |
| tweeënvijftig | **femtito** | ['fɛmti tʊ] |
| drieënvijftig | **femtitre** | ['fɛmti tre] |
| zestig | **seksti** | ['sɛksti] |
| eenenzestig | **sekstien** | ['sɛksti en] |

| | | |
|---|---|---|
| tweeënzestig | **sekstito** | ['sɛksti tʊ] |
| drieënzestig | **sekstitre** | ['sɛksti tre] |
| zeventig | **sytti** | ['sʏti] |
| eenenzeventig | **syttien** | ['sʏti en] |
| tweeënzeventig | **syttito** | ['sʏti tʊ] |
| drieënzeventig | **syttitre** | ['sʏti tre] |
| tachtig | **åtti** | ['ɔti] |
| eenentachtig | **åttien** | ['ɔti en] |
| tweeëntachtig | **åttito** | ['ɔti tʊ] |
| drieëntachtig | **åttitre** | ['ɔti tre] |
| negentig | **nitti** | ['niti] |
| eenennegentig | **nittien** | ['niti en] |
| tweeënnegentig | **nittito** | ['niti tʊ] |
| drieënnegentig | **nittitre** | ['niti tre] |

## 8. Kardinale getallen. Deel 2

| | | |
|---|---|---|
| honderd | **hundre** | ['hʉndrə] |
| tweehonderd | **to hundre** | ['tʊ ˌhʉndrə] |
| driehonderd | **tre hundre** | ['tre ˌhʉndrə] |
| vierhonderd | **fire hundre** | ['fire ˌhʉndrə] |
| vijfhonderd | **fem hundre** | ['fɛm ˌhʉndrə] |
| zeshonderd | **seks hundre** | ['sɛks ˌhʉndrə] |
| zevenhonderd | **syv hundre** | ['syv ˌhʉndrə] |
| achthonderd | **åtte hundre** | ['ɔtə ˌhʉndrə] |
| negenhonderd | **ni hundre** | ['ni ˌhʉndrə] |
| duizend | **tusen** | ['tʉsən] |
| tweeduizend | **to tusen** | ['tʊ ˌtʉsən] |
| drieduizend | **tre tusen** | ['tre ˌtʉsən] |
| tienduizend | **ti tusen** | ['ti ˌtʉsən] |
| honderdduizend | **hundre tusen** | ['hʉndrə ˌtʉsən] |
| miljoen (het) | **million** (m) | [mi'ljun] |
| miljard (het) | **milliard** (m) | [mi'lja:ɖ] |

## 9. Ordinale getallen

| | | |
|---|---|---|
| eerste (bn) | **første** | ['fœʂtə] |
| tweede (bn) | **annen** | ['ɑnən] |
| derde (bn) | **tredje** | ['trɛdjə] |
| vierde (bn) | **fjerde** | ['fjærə] |
| vijfde (bn) | **femte** | ['fɛmtə] |
| zesde (bn) | **sjette** | ['ʂɛtə] |
| zevende (bn) | **sjuende** | ['ʂʉenə] |
| achtste (bn) | **åttende** | ['ɔtenə] |
| negende (bn) | **niende** | ['nienə] |
| tiende (bn) | **tiende** | ['tienə] |

# KLEUREN. MEETEENHEDEN

## 10. Kleuren

| | | |
|---|---|---|
| kleur (de) | **farge** (m) | ['fargə] |
| tint (de) | **nyanse** (m) | [ny'anse] |
| kleurnuance (de) | **fargetone** (m) | ['fargə,tʊnə] |
| regenboog (de) | **regnbue** (m) | ['ræjn,bʉ:ə] |
| wit (bn) | **hvit** | ['vit] |
| zwart (bn) | **svart** | ['svɑ:ʈ] |
| grijs (bn) | **grå** | ['grɔ] |
| groen (bn) | **grønn** | ['grœn] |
| geel (bn) | **gul** | ['gʉl] |
| rood (bn) | **rød** | ['rø] |
| blauw (bn) | **blå** | ['blɔ] |
| lichtblauw (bn) | **lyseblå** | ['lysə,blɔ] |
| roze (bn) | **rosa** | ['rɔsa] |
| oranje (bn) | **oransje** | [ɔ'ranʂɛ] |
| violet (bn) | **fiolett** | [fiʊ'lət] |
| bruin (bn) | **brun** | ['brʉn] |
| goud (bn) | **gullgul** | ['gʉl] |
| zilverkleurig (bn) | **sølv-** | ['søl-] |
| beige (bn) | **beige** | ['bɛ:ʂ] |
| roomkleurig (bn) | **kremfarget** | ['krɛm,fargət] |
| turkoois (bn) | **turkis** | [tʉr'kis] |
| kersrood (bn) | **kirsebærrød** | ['çiʂəbær,rød] |
| lila (bn) | **lilla** | ['lila] |
| karmijnrood (bn) | **karminrød** | ['karmʊ'sin,rød] |
| licht (bn) | **lys** | ['lys] |
| donker (bn) | **mørk** | ['mœrk] |
| fel (bn) | **klar** | ['klar] |
| kleur-, kleurig (bn) | **farge-** | ['fargə-] |
| kleuren- (abn) | **farge-** | ['fargə-] |
| zwart-wit (bn) | **svart-hvit** | ['svɑ:ʈ vit] |
| eenkleurig (bn) | **ensfarget** | ['ɛns,fargət] |
| veelkleurig (bn) | **mangefarget** | ['maŋə,fargət] |

## 11. Meeteenheden

| | | |
|---|---|---|
| gewicht (het) | **vekt** (m) | ['vɛkt] |
| lengte (de) | **lengde** (m/f) | ['leŋdə] |

| | | |
|---|---|---|
| breedte (de) | **bredde** (m) | ['brɛdə] |
| hoogte (de) | **høyde** (m) | ['højdə] |
| diepte (de) | **dybde** (m) | ['dʏbdə] |
| volume (het) | **volum** (n) | [vɔ'lʉm] |
| oppervlakte (de) | **areal** (n) | [ˌare'al] |
| gram (het) | **gram** (n) | ['gram] |
| milligram (het) | **milligram** (n) | ['miliˌgram] |
| kilogram (het) | **kilogram** (n) | ['çiluˌgram] |
| ton (duizend kilo) | **tonn** (m/n) | ['tɔn] |
| pond (het) | **pund** (n) | ['pʉn] |
| ons (het) | **unse** (m) | ['ʉnsə] |
| meter (de) | **meter** (m) | ['metər] |
| millimeter (de) | **millimeter** (m) | ['miliˌmetər] |
| centimeter (de) | **centimeter** (m) | ['sɛntiˌmetər] |
| kilometer (de) | **kilometer** (m) | ['çiluˌmetər] |
| mijl (de) | **mil** (m/f) | ['mil] |
| duim (de) | **tomme** (m) | ['tɔmə] |
| voet (de) | **fot** (m) | ['fʊt] |
| yard (de) | **yard** (m) | ['ja:rd] |
| vierkante meter (de) | **kvadratmeter** (m) | [kva'dratˌmetər] |
| hectare (de) | **hektar** (n) | ['hɛktar] |
| liter (de) | **liter** (m) | ['litər] |
| graad (de) | **grad** (m) | ['grad] |
| volt (de) | **volt** (m) | ['vɔlt] |
| ampère (de) | **ampere** (m) | [am'pɛr] |
| paardenkracht (de) | **hestekraft** (m/f) | ['hɛstəˌkraft] |
| hoeveelheid (de) | **mengde** (m) | ['mɛŋdə] |
| een beetje ... | **få ...** | ['fɔ ...] |
| helft (de) | **halvdel** (m) | ['haldel] |
| dozijn (het) | **dusin** (n) | [dʉ'sin] |
| stuk (het) | **stykke** (n) | ['stʏkə] |
| afmeting (de) | **størrelse** (m) | ['stœrəlsə] |
| schaal (bijv. ~ van 1 op 50) | **målestokk** (m) | ['mo:ləˌstɔk] |
| minimaal (bn) | **minimal** | [mini'mal] |
| minste (bn) | **minste** | ['minstə] |
| medium (bn) | **middel-** | ['midəl-] |
| maximaal (bn) | **maksimal** | [maksi'mal] |
| grootste (bn) | **største** | ['stœʂtə] |

## 12. Containers

| | | |
|---|---|---|
| glazen pot (de) | **glaskrukke** (m/f) | ['glasˌkrʉkə] |
| blik (conserven~) | **boks** (m) | ['bɔks] |
| emmer (de) | **bøtte** (m/f) | ['bœtə] |
| ton (bijv. regenton) | **tønne** (m) | ['tœnə] |
| ronde waterbak (de) | **vaskefat** (n) | ['vaskəˌfat] |

| | | |
|---|---|---|
| tank (bijv. watertank-70-ltr) | **tank** (m) | ['tɑnk] |
| heupfles (de) | **lommelerke** (m/f) | ['lʊmə,lærkə] |
| jerrycan (de) | **bensinkanne** (m/f) | [bɛn'sin,kɑnə] |
| tank (bijv. ketelwagen) | **tank** (m) | ['tɑnk] |
| beker (de) | **krus** (n) | ['krʉs] |
| kopje (het) | **kopp** (m) | ['kɔp] |
| schoteltje (het) | **tefat** (n) | ['te,fɑt] |
| glas (het) | **glass** (n) | ['glɑs] |
| wijnglas (het) | **vinglass** (n) | ['vin,glɑs] |
| steelpan (de) | **gryte** (m/f) | ['grytə] |
| fles (de) | **flaske** (m) | ['flɑskə] |
| flessenhals (de) | **flaskehals** (m) | ['flɑskə,hɑls] |
| karaf (de) | **karaffel** (m) | [kɑ'rɑfəl] |
| kruik (de) | **mugge** (m/f) | ['mʉgə] |
| vat (het) | **beholder** (m) | [be'hɔlər] |
| pot (de) | **pott, potte** (m) | ['pɔt], ['pɔtə] |
| vaas (de) | **vase** (m) | ['vɑsə] |
| flacon (de) | **flakong** (m) | [flɑ'kɔŋ] |
| flesje (het) | **flaske** (m/f) | ['flɑskə] |
| tube (bijv. ~ tandpasta) | **tube** (m) | ['tʉbə] |
| zak (bijv. ~ aardappelen) | **sekk** (m) | ['sɛk] |
| tasje (het) | **pose** (m) | ['pʊsə] |
| pakje (~ sigaretten, enz.) | **pakke** (m/f) | ['pɑkə] |
| doos (de) | **eske** (m/f) | ['ɛskə] |
| kist (de) | **kasse** (m/f) | ['kɑsə] |
| mand (de) | **kurv** (m) | ['kʉrv] |

# BELANGRIJKSTE WERKWOORDEN

## 13. De belangrijkste werkwoorden. Deel 1

| | | |
|---|---|---|
| aanbevelen (ww) | **å anbefale** | [ɔ 'anbeˌfalə] |
| aandringen (ww) | **å insistere** | [ɔ insi'sterə] |
| aankomen (per auto, enz.) | **å ankomme** | [ɔ 'anˌkɔmə] |
| aanraken (ww) | **å røre** | [ɔ 'rørə] |
| adviseren (ww) | **å råde** | [ɔ 'ro:də] |
| afdalen (on.ww.) | **å gå ned** | [ɔ 'gɔ ne] |
| afslaan (naar rechts ~) | **å svinge** | [ɔ 'sviŋə] |
| antwoorden (ww) | **å svare** | [ɔ 'svarə] |
| bang zijn (ww) | **å frykte** | [ɔ 'frʏktə] |
| bedreigen (bijv. met een pistool) | **å true** | [ɔ 'trʉə] |
| bedriegen (ww) | **å fuske** | [ɔ 'fʉskə] |
| beëindigen (ww) | **å slutte** | [ɔ 'ʂlʉtə] |
| beginnen (ww) | **å begynne** | [ɔ be'jinə] |
| begrijpen (ww) | **å forstå** | [ɔ fɔ'ʂtɔ] |
| beheren (managen) | **å styre, å lede** | [ɔ 'styrə], [ɔ 'ledə] |
| beledigen (met scheldwoorden) | **å fornærme** | [ɔ fɔ:'ɳærmə] |
| beloven (ww) | **å love** | [ɔ 'lɔvə] |
| bereiden (koken) | **å lage** | [ɔ 'lagə] |
| bespreken (spreken over) | **å diskutere** | [ɔ diskʉ'terə] |
| bestellen (eten ~) | **å bestille** | [ɔ be'stilə] |
| bestraffen (een stout kind ~) | **å straffe** | [ɔ 'strafə] |
| betalen (ww) | **å betale** | [ɔ be'talə] |
| betekenen (beduiden) | **å bety** | [ɔ 'bety] |
| betreuren (ww) | **å beklage** | [ɔ be'klagə] |
| bevallen (prettig vinden) | **å like** | [ɔ 'likə] |
| bevelen (mil.) | **å beordre** | [ɔ be'ɔrdrə] |
| bevrijden (stad, enz.) | **å befri** | [ɔ be'fri] |
| bewaren (ww) | **å beholde** | [ɔ be'hɔlə] |
| bezitten (ww) | **å besidde, å eie** | [ɔ bɛ'sidə], [ɔ 'æje] |
| bidden (praten met God) | **å be** | [ɔ 'be] |
| binnengaan (een kamer ~) | **å komme inn** | [ɔ 'kɔmə in] |
| breken (ww) | **å bryte** | [ɔ 'brytə] |
| controleren (ww) | **å kontrollere** | [ɔ kʊntrɔ'lerə] |
| creëren (ww) | **å opprette** | [ɔ 'ɔpˌrɛtə] |
| deelnemen (ww) | **å delta** | [ɔ 'dɛlta] |
| denken (ww) | **å tenke** | [ɔ 'tɛnkə] |
| doden (ww) | **å døde, å myrde** | [ɔ 'dødə], [ɔ 'mʏ:ɖə] |

| | | |
|---|---|---|
| doen (ww) | **å gjøre** | [ɔ 'jørə] |
| dorst hebben (ww) | **å være tørst** | [ɔ 'værə 'tœʂt] |

## 14. De belangrijkste werkwoorden. Deel 2

| | | |
|---|---|---|
| een hint geven | **å gi et vink** | [ɔ 'ji et 'vink] |
| eisen (met klem vragen) | **å kreve** | [ɔ 'krevə] |
| excuseren (vergeven) | **å unnskylde** | [ɔ 'ʉnˌʂylə] |
| existeren (bestaan) | **å eksistere** | [ɔ ɛksi'sterə] |
| gaan (te voet) | **å gå** | [ɔ 'gɔ] |
| gaan zitten (ww) | **å sette seg** | [ɔ 'sɛtə sæj] |
| gaan zwemmen | **å bade** | [ɔ 'bɑdə] |
| geven (ww) | **å gi** | [ɔ 'ji] |
| glimlachen (ww) | **å smile** | [ɔ 'smilə] |
| goed raden (ww) | **å gjette** | [ɔ 'jɛtə] |
| grappen maken (ww) | **å spøke** | [ɔ 'spøkə] |
| graven (ww) | **å grave** | [ɔ 'grɑvə] |
| hebben (ww) | **å ha** | [ɔ 'hɑ] |
| helpen (ww) | **å hjelpe** | [ɔ 'jɛlpə] |
| herhalen (opnieuw zeggen) | **å gjenta** | [ɔ 'jɛntɑ] |
| honger hebben (ww) | **å være sulten** | [ɔ 'værə 'sʉltən] |
| hopen (ww) | **å håpe** | [ɔ 'ho:pə] |
| horen (waarnemen met het oor) | **å høre** | [ɔ 'hørə] |
| huilen (wenen) | **å gråte** | [ɔ 'gro:tə] |
| huren (huis, kamer) | **å leie** | [ɔ 'læjə] |
| informeren (informatie geven) | **å informere** | [ɔ infɔr'merə] |
| instemmen (akkoord gaan) | **å samtykke** | [ɔ 'sɑmˌtʏkə] |
| jagen (ww) | **å jage** | [ɔ 'jɑgə] |
| kennen (kennis hebben van iemand) | **å kjenne** | [ɔ 'çɛnə] |
| kiezen (ww) | **å velge** | [ɔ 'vɛlgə] |
| klagen (ww) | **å klage** | [ɔ 'klɑgə] |
| kosten (ww) | **å koste** | [ɔ 'kɔstə] |
| kunnen (ww) | **å kunne** | [ɔ 'kʉnə] |
| lachen (ww) | **å le, å skratte** | [ɔ 'le], [ɔ 'skrɑtə] |
| laten vallen (ww) | **å tappe** | [ɔ 'tɑpə] |
| lezen (ww) | **å lese** | [ɔ 'lesə] |
| liefhebben (ww) | **å elske** | [ɔ 'ɛlskə] |
| lunchen (ww) | **å spise lunsj** | [ɔ 'spisə ˌlʉnʂ] |
| nemen (ww) | **å ta** | [ɔ 'tɑ] |
| nodig zijn (ww) | **å være behøv** | [ɔ 'værə be'høv] |

## 15. De belangrijkste werkwoorden. Deel 3

| | | |
|---|---|---|
| onderschatten (ww) | **å undervurdere** | [ɔ 'ʉnərvʉ:ˌɖerə] |
| ondertekenen (ww) | **å underskrive** | [ɔ 'ʉnəˌskrivə] |

| | | |
|---|---|---|
| ontbijten (ww) | **å spise frokost** | [ɔ 'spisə ˌfrʊkɔst] |
| openen (ww) | **å åpne** | [ɔ 'ɔpnə] |
| ophouden (ww) | **å slutte** | [ɔ 'ʂlʉtə] |
| opmerken (zien) | **å bemerke** | [ɔ be'mærkə] |
| opscheppen (ww) | **å prale** | [ɔ 'prɑlə] |
| opschrijven (ww) | **å skrive ned** | [ɔ 'skrivə ne] |
| plannen (ww) | **å planlegge** | [ɔ 'plɑnˌlegə] |
| prefereren (verkiezen) | **å foretrekke** | [ɔ 'fɔrəˌtrɛkə] |
| proberen (trachten) | **å prøve** | [ɔ 'prøvə] |
| redden (ww) | **å redde** | [ɔ 'rɛdə] |
| rekenen op ... | **å regne med ...** | [ɔ 'rɛjnə me ...] |
| rennen (ww) | **å løpe** | [ɔ 'løpə] |
| reserveren (een hotelkamer ~) | **å reservere** | [ɔ resɛr'verə] |
| roepen (om hulp) | **å tilkalle** | [ɔ 'tilˌkɑlə] |
| schieten (ww) | **å skyte** | [ɔ 'ʂytə] |
| schreeuwen (ww) | **å skrike** | [ɔ 'skrikə] |
| schrijven (ww) | **å skrive** | [ɔ 'skrivə] |
| souperen (ww) | **å spise middag** | [ɔ 'spisə 'miˌdɑ] |
| spelen (kinderen) | **å leke** | [ɔ 'lekə] |
| spreken (ww) | **å tale** | [ɔ 'tɑlə] |
| stelen (ww) | **å stjele** | [ɔ 'stjelə] |
| stoppen (pauzeren) | **å stoppe** | [ɔ 'stɔpə] |
| studeren (Nederlands ~) | **å studere** | [ɔ stʉ'derə] |
| sturen (zenden) | **å sende** | [ɔ 'sɛnə] |
| tellen (optellen) | **å telle** | [ɔ 'tɛlə] |
| toebehoren ... | **å tilhøre ...** | [ɔ 'tilˌhørə ...] |
| toestaan (ww) | **å tillate** | [ɔ 'tiˌlɑtə] |
| tonen (ww) | **å vise** | [ɔ 'visə] |
| twijfelen (onzeker zijn) | **å tvile** | [ɔ 'tvilə] |
| uitgaan (ww) | **å gå ut** | [ɔ 'gɔ ʉt] |
| uitnodigen (ww) | **å innby, å invitere** | [ɔ 'inby], [ɔ invi'terə] |
| uitspreken (ww) | **å uttale** | [ɔ 'ʉtˌtɑlə] |
| uitvaren tegen (ww) | **å skjelle** | [ɔ 'ʂɛ:lə] |

## 16. De belangrijkste werkwoorden. Deel 4

| | | |
|---|---|---|
| vallen (ww) | **å falle** | [ɔ 'fɑlə] |
| vangen (ww) | **å fange** | [ɔ 'fɑŋə] |
| veranderen (anders maken) | **å endre** | [ɔ 'ɛndrə] |
| verbaasd zijn (ww) | **å bli forundret** | [ɔ 'bli fɔ'rʉndrət] |
| verbergen (ww) | **å gjemme** | [ɔ 'jɛmə] |
| verdedigen (je land ~) | **å forsvare** | [ɔ fɔ'ʂvɑrə] |
| verenigen (ww) | **å forene** | [ɔ fɔ'renə] |
| vergelijken (ww) | **å sammenlikne** | [ɔ 'sɑmənˌliknə] |
| vergeten (ww) | **å glemme** | [ɔ 'glemə] |
| vergeven (ww) | **å tilgi** | [ɔ 'tilˌji] |
| verklaren (uitleggen) | **å forklare** | [ɔ fɔr'klɑrə] |

| | | |
|---|---|---|
| verkopen (per stuk ~) | **å selge** | [ɔ 'sɛlə] |
| vermelden (praten over) | **å omtale, å nevne** | [ɔ 'ɔmˌtɑlə], [ɔ 'nɛvnə] |
| versieren (decoreren) | **å pryde** | [ɔ 'prydə] |
| vertalen (ww) | **å oversette** | [ɔ 'ɔvəˌʂɛtə] |
| vertrouwen (ww) | **å stole på** | [ɔ 'stʊlə pɔ] |
| vervolgen (ww) | **å fortsette** | [ɔ 'fɔrtˌʂɛtə] |
| verwarren (met elkaar ~) | **å forveksle** | [ɔ fɔr'vɛkʂlə] |
| verzoeken (ww) | **å be** | [ɔ 'be] |
| verzuimen (school, enz.) | **å skulke** | [ɔ 'skʉlkə] |
| vinden (ww) | **å finne** | [ɔ 'finə] |
| vliegen (ww) | **å fly** | [ɔ 'fly] |
| volgen (ww) | **å følge etter ...** | [ɔ 'følə 'ɛtər ...] |
| voorstellen (ww) | **å foreslå** | [ɔ 'fɔrəˌʂlɔ] |
| voorzien (verwachten) | **å forutse** | [ɔ 'fɔrʉtˌsə] |
| vragen (ww) | **å spørre** | [ɔ 'spøre] |
| waarnemen (ww) | **å observere** | [ɔ ɔbsɛr'verə] |
| waarschuwen (ww) | **å varsle** | [ɔ 'vɑʂlə] |
| wachten (ww) | **å vente** | [ɔ 'vɛntə] |
| weerspreken (ww) | **å innvende** | [ɔ 'inˌvɛnə] |
| weigeren (ww) | **å vegre seg** | [ɔ 'vɛgrə sæj] |
| werken (ww) | **å arbeide** | [ɔ 'ɑrˌbæjdə] |
| weten (ww) | **å vite** | [ɔ 'vitə] |
| willen (verlangen) | **å ville** | [ɔ 'vilə] |
| zeggen (ww) | **å si** | [ɔ 'si] |
| zich haasten (ww) | **å skynde seg** | [ɔ 'ʂynə sæj] |
| zich interesseren voor ... | **å interessere seg** | [ɔ intərə'serə sæj] |
| zich vergissen (ww) | **å gjøre feil** | [ɔ 'jørə ˌfæjl] |
| zich verontschuldigen | **å unnskylde seg** | [ɔ 'ʉnˌʂylə sæj] |
| zien (ww) | **å se** | [ɔ 'se] |
| zijn (ww) | **å være** | [ɔ 'værə] |
| zoeken (ww) | **å søke ...** | [ɔ 'søkə ...] |
| zwemmen (ww) | **å svømme** | [ɔ 'svœmə] |
| zwijgen (ww) | **å tie** | [ɔ 'tie] |

# TIJD. KALENDER

## 17. Dagen van de week

| | | |
|---|---|---|
| maandag (de) | **mandag** (m) | ['man,da] |
| dinsdag (de) | **tirsdag** (m) | ['tiʂ,da] |
| woensdag (de) | **onsdag** (m) | ['ʊns,da] |
| donderdag (de) | **torsdag** (m) | ['tɔʂ,da] |
| vrijdag (de) | **fredag** (m) | ['frɛ,da] |
| zaterdag (de) | **lørdag** (m) | ['lør,da] |
| zondag (de) | **søndag** (m) | ['søn,da] |
| vandaag (bw) | **i dag** | [i 'da] |
| morgen (bw) | **i morgen** | [i 'mɔ:ən] |
| overmorgen (bw) | **i overmorgen** | [i 'ɔvər,mɔ:ən] |
| gisteren (bw) | **i går** | [i 'gɔr] |
| eergisteren (bw) | **i forgårs** | [i 'fɔr,gɔʂ] |
| dag (de) | **dag** (m) | ['da] |
| werkdag (de) | **arbeidsdag** (m) | ['arbæjds,da] |
| feestdag (de) | **festdag** (m) | ['fɛst,da] |
| verlofdag (de) | **fridag** (m) | ['fri,da] |
| weekend (het) | **ukeslutt** (m), **helg** (f) | ['ʉkə,ʂlʉt], ['hɛlg] |
| de hele dag (bw) | **hele dagen** | ['helə 'dagən] |
| de volgende dag (bw) | **neste dag** | ['nɛstə ,da] |
| twee dagen geleden | **for to dager siden** | [fɔr tʊ 'dagər ,sidən] |
| aan de vooravond (bw) | **dagen før** | ['dagən 'før] |
| dag-, dagelijks (bn) | **daglig** | ['dagli] |
| elke dag (bw) | **hver dag** | ['vɛr da] |
| week (de) | **uke** (m/f) | ['ʉkə] |
| vorige week (bw) | **siste uke** | ['sistə 'ʉkə] |
| volgende week (bw) | **i neste uke** | [i 'nɛstə 'ʉkə] |
| wekelijks (bn) | **ukentlig** | ['ʉkəntli] |
| elke week (bw) | **hver uke** | ['vɛr 'ʉkə] |
| twee keer per week | **to ganger per uke** | ['tʊ 'gaŋər per 'ʉkə] |
| elke dinsdag | **hver tirsdag** | ['vɛr 'tiʂda] |

## 18. Uren. Dag en nacht

| | | |
|---|---|---|
| morgen (de) | **morgen** (m) | ['mɔ:ən] |
| 's morgens (bw) | **om morgenen** | [ɔm 'mɔ:enən] |
| middag (de) | **middag** (m) | ['mi,da] |
| 's middags (bw) | **om ettermiddagen** | [ɔm 'ɛtər,midagən] |
| avond (de) | **kveld** (m) | ['kvɛl] |
| 's avonds (bw) | **om kvelden** | [ɔm 'kvɛlən] |

| | | |
|---|---|---|
| nacht (de) | **natt** (m/f) | ['nɑt] |
| 's nachts (bw) | **om natta** | [ɔm 'nɑtɑ] |
| middernacht (de) | **midnatt** (m/f) | ['mid,nɑt] |
| seconde (de) | **sekund** (m/n) | [se'kʉn] |
| minuut (de) | **minutt** (n) | [mi'nʉt] |
| uur (het) | **time** (m) | ['timə] |
| halfuur (het) | **halvtime** (m) | ['hɑl,timə] |
| kwartier (het) | **kvarter** (n) | [kvɑ:ʈer] |
| vijftien minuten | **femten minutter** | ['fɛmtən mi'nʉtər] |
| etmaal (het) | **døgn** (n) | ['døjn] |
| zonsopgang (de) | **soloppgang** (m) | ['sʊlɔp,gɑŋ] |
| dageraad (de) | **daggry** (n) | ['dɑg,gry] |
| vroege morgen (de) | **tidlig morgen** (m) | ['tili 'mɔ:ən] |
| zonsondergang (de) | **solnedgang** (m) | ['sʊlned,gɑŋ] |
| 's morgens vroeg (bw) | **tidlig om morgenen** | ['tili ɔm 'mɔ:enən] |
| vanmorgen (bw) | **i morges** | [i 'mɔrəs] |
| morgenochtend (bw) | **i morgen tidlig** | [i 'mɔ:ən 'tili] |
| vanmiddag (bw) | **i formiddag** | [i 'fɔrmi,dɑ] |
| 's middags (bw) | **om ettermiddagen** | [ɔm 'ɛtər,midɑgən] |
| morgenmiddag (bw) | **i morgen ettermiddag** | [i 'mɔ:ən 'ɛtər,midɑ] |
| vanavond (bw) | **i kveld** | [i 'kvɛl] |
| morgenavond (bw) | **i morgen kveld** | [i 'mɔ:ən ,kvɛl] |
| klokslag drie uur | **presis klokka tre** | [prɛ'sis 'klɔkɑ tre] |
| ongeveer vier uur | **ved fire-tiden** | [ve 'fire ,tidən] |
| tegen twaalf uur | **innen klokken tolv** | ['inən 'klɔkən tɔl] |
| over twintig minuten | **om tjue minutter** | [ɔm 'çʉə mi'nʉtər] |
| over een uur | **om en time** | [ɔm en 'timə] |
| op tijd (bw) | **i tide** | [i 'tidə] |
| kwart voor ... | **kvart på ...** | ['kvɑ:ʈ pɔ ...] |
| binnen een uur | **innen en time** | ['inən en 'time] |
| elk kwartier | **hvert kvarter** | ['vɛ:ʈ kvɑ:'ʈer] |
| de klok rond | **døgnet rundt** | ['døjne ,rʉnt] |

## 19. Maanden. Seizoenen

| | | |
|---|---|---|
| januari (de) | **januar** (m) | ['janʉ,ɑr] |
| februari (de) | **februar** (m) | ['febrʉ,ɑr] |
| maart (de) | **mars** (m) | ['mɑʂ] |
| april (de) | **april** (m) | [ɑ'pril] |
| mei (de) | **mai** (m) | ['mɑj] |
| juni (de) | **juni** (m) | ['jʉni] |
| juli (de) | **juli** (m) | ['jʉli] |
| augustus (de) | **august** (m) | [aʊ'gʉst] |
| september (de) | **september** (m) | [sep'tɛmbər] |
| oktober (de) | **oktober** (m) | [ɔk'tʊbər] |

| | | |
|---|---|---|
| november (de) | **november** (m) | [nʊ'vɛmbər] |
| december (de) | **desember** (m) | [de'sɛmbər] |
| lente (de) | **vår** (m) | ['vɔ:r] |
| in de lente (bw) | **om våren** | [ɔm 'vo:rən] |
| lente- (abn) | **vår-, vårlig** | ['vɔ:r-], ['vɔ:ḽi] |
| zomer (de) | **sommer** (m) | ['sɔmər] |
| in de zomer (bw) | **om sommeren** | [ɔm 'sɔmerən] |
| zomer-, zomers (bn) | **sommer-** | ['sɔmər-] |
| herfst (de) | **høst** (m) | ['høst] |
| in de herfst (bw) | **om høsten** | [ɔm 'høstən] |
| herfst- (abn) | **høst-, høstlig** | ['høst-], ['høstli] |
| winter (de) | **vinter** (m) | ['vintər] |
| in de winter (bw) | **om vinteren** | [ɔm 'vinterən] |
| winter- (abn) | **vinter-** | ['vintər-] |
| maand (de) | **måned** (m) | ['mo:nət] |
| deze maand (bw) | **denne måneden** | ['dɛnə 'mo:nedən] |
| volgende maand (bw) | **neste måned** | ['nɛstə 'mo:nət] |
| vorige maand (bw) | **forrige måned** | ['fɔriə ˌmo:nət] |
| een maand geleden (bw) | **for en måned siden** | [fɔr en 'mo:nət ˌsidən] |
| over een maand (bw) | **om en måned** | [ɔm en 'mo:nət] |
| over twee maanden (bw) | **om to måneder** | [ɔm 'tʊ 'mo:nedər] |
| de hele maand (bw) | **en hel måned** | [en 'hel 'mo:nət] |
| een volle maand (bw) | **hele måned** | ['helə 'mo:nət] |
| maand-, maandelijks (bn) | **månedlig** | ['mo:nədli] |
| maandelijks (bw) | **månedligt** | ['mo:nedlət] |
| elke maand (bw) | **hver måned** | [ˌvɛr 'mo:nət] |
| twee keer per maand | **to ganger per måned** | ['tʊ 'gɑŋər per 'mo:nət] |
| jaar (het) | **år** (n) | ['ɔr] |
| dit jaar (bw) | **i år** | [i 'o:r] |
| volgend jaar (bw) | **neste år** | ['nɛstə ˌo:r] |
| vorig jaar (bw) | **i fjor** | [i 'fjɔr] |
| een jaar geleden (bw) | **for et år siden** | [fɔr et 'o:r ˌsidən] |
| over een jaar | **om et år** | [ɔm et 'o:r] |
| over twee jaar | **om to år** | [ɔm 'tʊ 'o:r] |
| het hele jaar | **hele året** | ['helə 'o:re] |
| een vol jaar | **hele året** | ['helə 'o:re] |
| elk jaar | **hvert år** | ['vɛ:ʈ 'o:r] |
| jaar-, jaarlijks (bn) | **årlig** | ['o:ḽi] |
| jaarlijks (bw) | **årlig, hvert år** | ['o:ḽi], ['vɛ:ʈ 'ɔr] |
| 4 keer per jaar | **fire ganger per år** | ['fire 'gɑŋər per 'o:r] |
| datum (de) | **dato** (m) | ['dɑtʊ] |
| datum (de) | **dato** (m) | ['dɑtʊ] |
| kalender (de) | **kalender** (m) | [kɑ'lendər] |
| een half jaar | **halvår** (n) | ['hɑlˌo:r] |
| zes maanden | **halvår** (n) | ['hɑlˌo:r] |

| | | |
|---|---|---|
| seizoen (bijv. lente, zomer) | **årstid** (m/f) | ['o:ʂˌtid] |
| eeuw (de) | **århundre** (n) | ['ɔrˌhʉndrə] |

# REIZEN. HOTEL

## 20. Trip. Reizen

| | | |
|---|---|---|
| toerisme (het) | **turisme** (m) | [tʉ'rismə] |
| toerist (de) | **turist** (m) | [tʉ'rist] |
| reis (de) | **reise** (m/f) | ['ræjsə] |
| avontuur (het) | **eventyr** (n) | ['ɛvən,tyr] |
| tocht (de) | **tripp** (m) | ['trip] |
| vakantie (de) | **ferie** (m) | ['fɛriə] |
| met vakantie zijn | **å være på ferie** | [ɔ 'værə pɔ 'fɛriə] |
| rust (de) | **hvile** (m/f) | ['vilə] |
| trein (de) | **tog** (n) | ['tɔg] |
| met de trein | **med tog** | [me 'tɔg] |
| vliegtuig (het) | **fly** (n) | ['fly] |
| met het vliegtuig | **med fly** | [me 'fly] |
| met de auto | **med bil** | [me 'bil] |
| per schip (bw) | **med skip** | [me 'ʂip] |
| bagage (de) | **bagasje** (m) | [bɑ'gɑʂə] |
| valies (de) | **koffert** (m) | ['kʊfɛːʈ] |
| bagagekarretje (het) | **bagasjetralle** (m/f) | [bɑ'gɑʂə,trɑlə] |
| paspoort (het) | **pass** (n) | ['pɑs] |
| visum (het) | **visum** (n) | ['visʉm] |
| kaartje (het) | **billett** (m) | [bi'let] |
| vliegticket (het) | **flybillett** (m) | ['fly bi'let] |
| reisgids (de) | **reisehåndbok** (m/f) | ['ræjsə,hɔnbʊk] |
| kaart (de) | **kart** (n) | ['kɑːʈ] |
| gebied (landelijk ~) | **område** (n) | ['ɔm,roːdə] |
| plaats (de) | **sted** (n) | ['sted] |
| exotisch (bn) | **eksotisk** | [ɛk'sʊtisk] |
| verwonderlijk (bn) | **forunderlig** | [fɔ'rʉndeːɭi] |
| groep (de) | **gruppe** (m) | ['grʉpə] |
| rondleiding (de) | **utflukt** (m/f) | ['ʉt,flʉkt] |
| gids (de) | **guide** (m) | ['gɑjd] |

## 21. Hotel

| | | |
|---|---|---|
| hotel (het) | **hotell** (n) | [hʊ'tɛl] |
| motel (het) | **motell** (n) | [mʊ'tɛl] |
| 3-sterren | **trestjernet** | ['tre,stjæːɳə] |
| 5-sterren | **femstjernet** | ['fɛm,stjæːɳə] |

| | | |
|---|---|---|
| overnachten (ww) | **å bo** | [ɔ 'bʊ] |
| kamer (de) | **rom** (n) | ['rʊm] |
| eenpersoonskamer (de) | **enkeltrom** (n) | ['ɛnkelt,rʊm] |
| tweepersoonskamer (de) | **dobbeltrom** (n) | ['dɔbəlt,rʊm] |
| een kamer reserveren | **å reservere rom** | [ɔ resɛr'verə 'rʊm] |
| halfpension (het) | **halvpensjon** (m) | ['hal pan,ʂʊn] |
| volpension (het) | **fullpensjon** (m) | ['fʉl pan,ʂʊn] |
| met badkamer | **med badekar** | [me 'badə,kar] |
| met douche | **med dusj** | [me 'dʉʂ] |
| satelliet-tv (de) | **satellitt-TV** (m) | [satɛ'lit 'tɛvɛ] |
| airconditioner (de) | **klimaanlegg** (n) | ['klima'an,leg] |
| handdoek (de) | **håndkle** (n) | ['hɔn,kle] |
| sleutel (de) | **nøkkel** (m) | ['nøkəl] |
| administrateur (de) | **administrator** (m) | [admini'stra:tʊr] |
| kamermeisje (het) | **stuepike** (m/f) | ['stʉə,pikə] |
| piccolo (de) | **pikkolo** (m) | ['pikɔlɔ] |
| portier (de) | **portier** (m) | [pɔ:'tje] |
| restaurant (het) | **restaurant** (m) | [rɛstʊ'raŋ] |
| bar (de) | **bar** (m) | ['bar] |
| ontbijt (het) | **frokost** (m) | ['frʊkɔst] |
| avondeten (het) | **middag** (m) | ['mi,da] |
| buffet (het) | **buffet** (m) | [bʉ'fɛ] |
| hal (de) | **hall, lobby** (m) | ['hal], ['lɔbi] |
| lift (de) | **heis** (m) | ['hæjs] |
| NIET STOREN | **VENNLIGST IKKE FORSTYRR!** | ['vɛnligt ikə fɔ'ʂtyr] |
| VERBODEN TE ROKEN! | **RØYKING FORBUDT** | ['røjkiŋ fɔr'bʉt] |

## 22. Bezienswaardigheden

| | | |
|---|---|---|
| monument (het) | **monument** (n) | [mɔnʉ'mɛnt] |
| vesting (de) | **festning** (m/f) | ['fɛstniŋ] |
| paleis (het) | **palass** (n) | [pa'las] |
| kasteel (het) | **borg** (m) | ['bɔrg] |
| toren (de) | **tårn** (n) | ['tɔ:ɳ] |
| mausoleum (het) | **mausoleum** (n) | [maʊsʊ'leum] |
| architectuur (de) | **arkitektur** (m) | [arkitɛk'tʉr] |
| middeleeuws (bn) | **middelalderlig** | ['midəl,aldɛ:[i] |
| oud (bn) | **gammel** | ['gaməl] |
| nationaal (bn) | **nasjonal** | [naʂʊ'nal] |
| bekend (bn) | **kjent** | ['çɛnt] |
| toerist (de) | **turist** (m) | [tʉ'rist] |
| gids (de) | **guide** (m) | ['gajd] |
| rondleiding (de) | **utflukt** (m/f) | ['ʉt,flʉkt] |
| tonen (ww) | **å vise** | [ɔ 'visə] |
| vertellen (ww) | **å fortelle** | [ɔ fɔ:'ʈɛlə] |

| | | |
|---|---|---|
| vinden (ww) | **å finne** | [ɔ 'finə] |
| verdwalen (de weg kwijt zijn) | **å gå seg bort** | [ɔ 'gɔ sæj 'bʊ:ʈ] |
| plattegrond (~ van de metro) | **kart, linjekart** (n) | ['kɑ:ʈ], ['linjə'kɑ:ʈ] |
| plattegrond (~ van de stad) | **kart** (n) | ['kɑ:ʈ] |
| souvenir (het) | **suvenir** (m) | [sʉve'nir] |
| souvenirwinkel (de) | **suvenirbutikk** (m) | [sʉve'nir bʉ'tik] |
| een foto maken (ww) | **å fotografere** | [ɔ fɔtɔgrɑ'ferə] |
| zich laten fotograferen | **å bli fotografert** | [ɔ 'bli fɔtɔgrɑ'fɛ:ʈ] |

# VERVOER

## 23. Vliegveld

| | | |
|---|---|---|
| luchthaven (de) | **flyplass** (m) | ['fly,plas] |
| vliegtuig (het) | **fly** (n) | ['fly] |
| luchtvaartmaatschappij (de) | **flyselskap** (n) | ['flysəl,skap] |
| luchtverkeersleider (de) | **flygeleder** (m) | ['flygə,ledər] |
| vertrek (het) | **avgang** (m) | ['av,gaŋ] |
| aankomst (de) | **ankomst** (m) | ['an,kɔmst] |
| aankomen (per vliegtuig) | **å ankomme** | [ɔ 'an,kɔmə] |
| vertrektijd (de) | **avgangstid** (m/f) | ['avgaŋs,tid] |
| aankomstuur (het) | **ankomsttid** (m/f) | [an'kɔms,tid] |
| vertraagd zijn (ww) | **å bli forsinket** | [ɔ 'bli fɔ'ʂinkət] |
| vluchtvertraging (de) | **avgangsforsinkelse** (m) | ['avgaŋs fɔ'ʂinkəlsə] |
| informatiebord (het) | **informasjonstavle** (m/f) | [infɔrma'ʂʊns ,tavlə] |
| informatie (de) | **informasjon** (m) | [infɔrma'ʂʊn] |
| aankondigen (ww) | **å meddele** | [ɔ 'mɛd,delə] |
| vlucht (bijv. KLM ~) | **fly** (n) | ['fly] |
| douane (de) | **toll** (m) | ['tɔl] |
| douanier (de) | **tollbetjent** (m) | ['tɔlbe,tjɛnt] |
| douaneaangifte (de) | **tolldeklarasjon** (m) | ['tɔldɛklara'ʂʊn] |
| invullen (douaneaangifte ~) | **å utfylle** | [ɔ 'ʉt,fʏlə] |
| een douaneaangifte invullen | **å utfylle en tolldeklarasjon** | [ɔ 'ʉt,fʏlə en 'tɔldɛklara,ʂʊn] |
| paspoortcontrole (de) | **passkontroll** (m) | ['paskʊn,trɔl] |
| bagage (de) | **bagasje** (m) | [ba'gaʂə] |
| handbagage (de) | **håndbagasje** (m) | ['hɔn,ba'gaʂə] |
| bagagekarretje (het) | **bagasjetralle** (m/f) | [ba'gaʂə,tralə] |
| landing (de) | **landing** (m) | ['laniŋ] |
| landingsbaan (de) | **landingsbane** (m) | ['laniŋs,banə] |
| landen (ww) | **å lande** | [ɔ 'lanə] |
| vliegtuigtrap (de) | **trapp** (m/f) | ['trap] |
| inchecken (het) | **innsjekking** (m/f) | ['in,ʂɛkiŋ] |
| incheckbalie (de) | **innsjekkingsskranke** (m) | ['in,ʂɛkiŋs ,skrankə] |
| inchecken (ww) | **å sjekke inn** | [ɔ 'ʂɛkə in] |
| instapkaart (de) | **boardingkort** (n) | ['bɔ:ɖiŋ,kɔ:ʈ] |
| gate (de) | **gate** (m/f) | ['gejt] |
| transit (de) | **transitt** (m) | [tran'sit] |
| wachten (ww) | **å vente** | [ɔ 'vɛntə] |
| wachtzaal (de) | **ventehall** (m) | ['vɛntə,hal] |

| | | |
|---|---|---|
| begeleiden (uitwuiven) | **å ta avskjed** | [ɔ 'ta 'af,ʂɛd] |
| afscheid nemen (ww) | **å si farvel** | [ɔ 'si far'vɛl] |

## 24. Vliegtuig

| | | |
|---|---|---|
| vliegtuig (het) | **fly** (n) | ['fly] |
| vliegticket (het) | **flybillett** (m) | ['fly bi'let] |
| luchtvaartmaatschappij (de) | **flyselskap** (n) | ['flysəl,skap] |
| luchthaven (de) | **flyplass** (m) | ['fly,plas] |
| supersonisch (bn) | **overlyds-** | ['ɔvə,lyds-] |
| gezagvoerder (de) | **kaptein** (m) | [kap'tæjn] |
| bemanning (de) | **besetning** (m/f) | [be'sɛtniŋ] |
| piloot (de) | **pilot** (m) | [pi'lɔt] |
| stewardess (de) | **flyvertinne** (m/f) | [flyvɛ:'ʈinə] |
| stuurman (de) | **styrmann** (m) | ['styr,man] |
| vleugels (mv.) | **vinger** (m pl) | ['viŋər] |
| staart (de) | **hale** (m) | ['halə] |
| cabine (de) | **cockpit, førerkabin** (m) | ['kɔkpit], ['førərka,bin] |
| motor (de) | **motor** (m) | ['mɔtʊr] |
| landingsgestel (het) | **landingshjul** (n) | ['laniŋs,jʉl] |
| turbine (de) | **turbin** (m) | [tʉr'bin] |
| propeller (de) | **propell** (m) | [prʊ'pɛl] |
| zwarte doos (de) | **svart boks** (m) | ['sva:ʈ bɔks] |
| stuur (het) | **ratt** (n) | ['rat] |
| brandstof (de) | **brensel** (n) | ['brɛnsəl] |
| veiligheidskaart (de) | **sikkerhetsbrosjyre** (m) | ['sikərhɛts,brɔ'ʂyrə] |
| zuurstofmasker (het) | **oksygenmaske** (m/f) | ['ɔksygən,maskə] |
| uniform (het) | **uniform** (m) | [ʉni'fɔrm] |
| reddingsvest (de) | **redningsvest** (m) | ['rɛdniŋs,vɛst] |
| parachute (de) | **fallskjerm** (m) | ['fal,ʂærm] |
| opstijgen (het) | **start** (m) | ['sta:ʈ] |
| opstijgen (ww) | **å løfte** | [ɔ 'lœftə] |
| startbaan (de) | **startbane** (m) | ['sta:ʈ,banə] |
| zicht (het) | **siktbarhet** (m) | ['siktbar,het] |
| vlucht (de) | **flyging** (m/f) | ['flygiŋ] |
| hoogte (de) | **høyde** (m) | ['højdə] |
| luchtzak (de) | **lufthull** (n) | ['lʉft,hʉl] |
| plaats (de) | **plass** (m) | ['plas] |
| koptelefoon (de) | **hodetelefoner** (n pl) | ['hɔdətelə,fʊnər] |
| tafeltje (het) | **klappbord** (n) | ['klap,bʊr] |
| venster (het) | **vindu** (n) | ['vindʉ] |
| gangpad (het) | **midtgang** (m) | ['mit,gaŋ] |

## 25. Trein

| | | |
|---|---|---|
| trein (de) | **tog** (n) | ['tɔg] |
| elektrische trein (de) | **lokaltog** (n) | [lɔ'kal,tɔg] |

| | | |
|---|---|---|
| sneltrein (de) | **ekspresstog** (n) | [ɛks'prɛsˌtɔg] |
| diesellocomotief (de) | **diesellokomotiv** (n) | ['disəl lʊkɔmɔ'tiv] |
| locomotief (de) | **damplokomotiv** (n) | ['dɑmp lʊkɔmɔ'tiv] |
| rijtuig (het) | **vogn** (m) | ['vɔŋn] |
| restauratierijtuig (het) | **restaurantvogn** (m/f) | [rɛstʊ'rɑŋˌvɔŋn] |
| rails (mv.) | **skinner** (m/f pl) | ['ʂinər] |
| spoorweg (de) | **jernbane** (m) | ['jæ:ɳˌbɑnə] |
| dwarsligger (de) | **sville** (m/f) | ['svilə] |
| perron (het) | **perrong, plattform** (m/f) | [pɛ'rɔŋ], ['plɑtfɔrm] |
| spoor (het) | **spor** (n) | ['spʊr] |
| semafoor (de) | **semafor** (m) | [semɑ'fʊr] |
| halte (bijv. kleine treinhalte) | **stasjon** (m) | [stɑ'ʂʊn] |
| machinist (de) | **lokfører** (m) | ['lʊkˌførər] |
| kruier (de) | **bærer** (m) | ['bærər] |
| conducteur (de) | **betjent** (m) | ['be'tjɛnt] |
| passagier (de) | **passasjer** (m) | [pɑsɑ'ʂɛr] |
| controleur (de) | **billett inspektør** (m) | [bi'let inspɛk'tør] |
| gang (in een trein) | **korridor** (m) | [kʊri'dɔr] |
| noodrem (de) | **nødbrems** (m) | ['nødˌbrɛms] |
| coupé (de) | **kupé** (m) | [kʉ'pe] |
| bed (slaapplaats) | **køye** (m/f) | ['køjə] |
| bovenste bed (het) | **overkøye** (m/f) | ['ɔvərˌkøjə] |
| onderste bed (het) | **underkøye** (m/f) | ['ʉnərˌkøjə] |
| beddengoed (het) | **sengetøy** (n) | ['sɛŋəˌtøj] |
| kaartje (het) | **billett** (m) | [bi'let] |
| dienstregeling (de) | **rutetabell** (m) | ['rʉtəˌtɑ'bɛl] |
| informatiebord (het) | **informasjonstavle** (m/f) | [infɔrmɑ'ʂʊns ˌtɑvlə] |
| vertrekken (De trein vertrekt ...) | **å avgå** | [ɔ 'ɑvgɔ] |
| vertrek (ov. een trein) | **avgang** (m) | ['ɑvˌgɑŋ] |
| aankomen (ov. de treinen) | **å ankomme** | [ɔ 'ɑnˌkɔmə] |
| aankomst (de) | **ankomst** (m) | ['ɑnˌkɔmst] |
| aankomen per trein | **å ankomme med toget** | [ɔ 'ɑnˌkɔmə me 'tɔge] |
| in de trein stappen | **å gå på toget** | [ɔ 'gɔ pɔ 'tɔge] |
| uit de trein stappen | **å gå av toget** | [ɔ 'gɔ ɑ: 'tɔge] |
| treinwrak (het) | **togulykke** (m/n) | ['tɔg ʉ'lʏkə] |
| ontspoord zijn | **å spore av** | [ɔ 'spʊrə ɑ:] |
| locomotief (de) | **damplokomotiv** (n) | ['dɑmp lʊkɔmɔ'tiv] |
| stoker (de) | **fyrbøter** (m) | ['fyrˌbøtər] |
| stookplaats (de) | **fyrrom** (n) | ['fyrˌrʊm] |
| steenkool (de) | **kull** (n) | ['kʉl] |

## 26. Schip

| | | |
|---|---|---|
| schip (het) | **skip** (n) | ['ʂip] |
| vaartuig (het) | **fartøy** (n) | ['fɑ:ˌtøj] |

| | | |
|---|---|---|
| stoomboot (de) | **dampskip** (n) | ['damp,ʂip] |
| motorschip (het) | **elvebåt** (m) | ['ɛlvə,bɔt] |
| lijnschip (het) | **cruiseskip** (n) | ['krʉs,ʂip] |
| kruiser (de) | **krysser** (m) | ['krʏsər] |
| jacht (het) | **jakt** (m/f) | ['jakt] |
| sleepboot (de) | **bukserbåt** (m) | [bʉk'ser,bɔt] |
| duwbak (de) | **lastepram** (m) | ['lastə,pram] |
| ferryboot (de) | **ferje, ferge** (m/f) | ['færjə], ['færgə] |
| zeilboot (de) | **seilbåt** (n) | ['sæjl,bɔt] |
| brigantijn (de) | **brigantin** (m) | [brigan'tin] |
| IJsbreker (de) | **isbryter** (m) | ['is,brytər] |
| duikboot (de) | **ubåt** (m) | ['ʉ:,bɔt] |
| boot (de) | **båt** (m) | ['bɔt] |
| sloep (de) | **jolle** (m/f) | ['jɔlə] |
| reddingssloep (de) | **livbåt** (m) | ['liv,bɔt] |
| motorboot (de) | **motorbåt** (m) | ['mɔtʊr,bot] |
| kapitein (de) | **kaptein** (m) | [kap'tæjn] |
| zeeman (de) | **matros** (m) | [ma'trʊs] |
| matroos (de) | **sjømann** (m) | ['ʂø,man] |
| bemanning (de) | **besetning** (m/f) | [be'sɛtniŋ] |
| bootsman (de) | **båtsmann** (m) | ['bɔs,man] |
| scheepsjongen (de) | **skipsgutt, jungmann** (m) | ['ʂips,gʉt], ['jʉŋ,man] |
| kok (de) | **kokk** (m) | ['kʊk] |
| scheepsarts (de) | **skipslege** (m) | ['ʂips,legə] |
| dek (het) | **dekk** (n) | ['dɛk] |
| mast (de) | **mast** (m/f) | ['mast] |
| zeil (het) | **seil** (n) | ['sæjl] |
| ruim (het) | **lasterom** (n) | ['lastə,rʊm] |
| voorsteven (de) | **baug** (m) | ['bæu] |
| achtersteven (de) | **akterende** (m) | ['aktə,rɛnə] |
| roeispaan (de) | **åre** (m) | ['o:rə] |
| schroef (de) | **propell** (m) | [prʊ'pɛl] |
| kajuit (de) | **hytte** (m) | ['hʏte] |
| officierskamer (de) | **offisersmesse** (m/f) | [ɔfi'sɛrs,mɛsə] |
| machinekamer (de) | **maskinrom** (n) | [ma'ʂin,rʊm] |
| brug (de) | **kommandobro** (m/f) | [kɔ'mandʊ,brʊ] |
| radiokamer (de) | **radiorom** (m) | ['radiʊ,rʊm] |
| radiogolf (de) | **bølge** (m) | ['bølgə] |
| logboek (het) | **loggbok** (m/f) | ['lɔg,bʊk] |
| verrekijker (de) | **langkikkert** (m) | ['laŋ,kike:ʈ] |
| klok (de) | **klokke** (m/f) | ['klɔkə] |
| vlag (de) | **flagg** (n) | ['flag] |
| kabel (de) | **trosse** (m/f) | ['trʊsə] |
| knoop (de) | **knute** (m) | ['knʉtə] |
| trapleuning (de) | **rekkverk** (n) | ['rɛk,værk] |

| | | |
|---|---|---|
| trap (de) | **landgang** (m) | ['lɑnˌgɑŋ] |
| anker (het) | **anker** (n) | ['ɑnkər] |
| het anker lichten | **å lette anker** | [ɔ 'letə 'ɑnkər] |
| het anker neerlaten | **å kaste anker** | [ɔ 'kɑstə 'ɑnkər] |
| ankerketting (de) | **ankerkjetting** (m) | ['ɑnkərˌçɛtiŋ] |
| | | |
| haven (bijv. containerhaven) | **havn** (m/f) | ['hɑvn] |
| kaai (de) | **kai** (m/f) | ['kɑj] |
| aanleggen (ww) | **å fortøye** | [ɔ fɔ:'ʈøjə] |
| wegvaren (ww) | **å kaste loss** | [ɔ 'kɑstə lɔs] |
| | | |
| reis (de) | **reise** (m/f) | ['ræjsə] |
| cruise (de) | **cruise** (n) | ['krʉs] |
| koers (de) | **kurs** (m) | ['kʉʂ] |
| route (de) | **rute** (m/f) | ['rʉtə] |
| | | |
| vaarwater (het) | **seilrende** (m) | ['sæjlˌrɛnə] |
| zandbank (de) | **grunne** (m/f) | ['grʉnə] |
| stranden (ww) | **å gå på grunn** | [ɔ 'gɔ pɔ 'grʉn] |
| | | |
| storm (de) | **storm** (m) | ['stɔrm] |
| signaal (het) | **signal** (n) | [siŋ'nɑl] |
| zinken (ov. een boot) | **å synke** | [ɔ 'sʏnkə] |
| Man overboord! | **Mann over bord!** | ['mɑn ˌɔvər 'bʊr] |
| SOS (noodsignaal) | **SOS** (n) | [ɛsʊ'ɛs] |
| reddingsboei (de) | **livbøye** (m/f) | ['livˌbøjə] |

# STAD

## 27. Stedelijk vervoer

| | | |
|---|---|---|
| bus, autobus (de) | **buss** (m) | ['bʉs] |
| tram (de) | **trikk** (m) | ['trik] |
| trolleybus (de) | **trolleybuss** (m) | ['trɔli,bʉs] |
| route (de) | **rute** (m/f) | ['rʉtə] |
| nummer (busnummer, enz.) | **nummer** (n) | ['nʉmər] |
| rijden met ... | **å kjøre med ...** | [ɔ 'çœ:rə me ...] |
| stappen (in de bus ~) | **å gå på ...** | [ɔ 'gɔ pɔ ...] |
| afstappen (ww) | **å gå av ...** | [ɔ 'gɔ ɑ: ...] |
| halte (de) | **holdeplass** (m) | ['hɔlə,plɑs] |
| volgende halte (de) | **neste holdeplass** (m) | ['nɛstə 'hɔlə,plɑs] |
| eindpunt (het) | **endestasjon** (m) | ['ɛnə,stɑ'ʂʊn] |
| dienstregeling (de) | **rutetabell** (m) | ['rʉtə,tɑ'bɛl] |
| wachten (ww) | **å vente** | [ɔ 'vɛntə] |
| kaartje (het) | **billett** (m) | [bi'let] |
| reiskosten (de) | **billettpris** (m) | [bi'let,pris] |
| kassier (de) | **kasserer** (m) | [kɑ'serər] |
| kaartcontrole (de) | **billettkontroll** (m) | [bi'let kʊn,trɔl] |
| controleur (de) | **billett inspektør** (m) | [bi'let inspɛk'tør] |
| te laat zijn (ww) | **å komme for sent** | [ɔ 'kɔmə fɔ'ʂɛnt] |
| missen (de bus ~) | **å komme for sent til ...** | [ɔ 'kɔmə fɔ'ʂɛnt til ...] |
| zich haasten (ww) | **å skynde seg** | [ɔ 'ʂynə sæj] |
| taxi (de) | **drosje** (m/f), **taxi** (m) | ['drɔʂɛ], ['tɑksi] |
| taxichauffeur (de) | **taxisjåfør** (m) | ['tɑksi ʂɔ'før] |
| met de taxi (bw) | **med taxi** | [me 'tɑksi] |
| taxistandplaats (de) | **taxiholdeplass** (m) | ['tɑksi 'hɔlə,plɑs] |
| een taxi bestellen | **å taxi bestellen** | [ɔ 'tɑksi be'stɛlən] |
| een taxi nemen | **å ta taxi** | [ɔ 'tɑ ,tɑksi] |
| verkeer (het) | **trafikk** (m) | [trɑ'fik] |
| file (de) | **trafikkork** (m) | [trɑ'fik,kɔrk] |
| spitsuur (het) | **rushtid** (m/f) | ['rʉʂ,tid] |
| parkeren (on.ww.) | **å parkere** | [ɔ pɑr'kerə] |
| parkeren (ov.ww.) | **å parkere** | [ɔ pɑr'kerə] |
| parking (de) | **parkeringsplass** (m) | [pɑr'keriŋs,plɑs] |
| metro (de) | **tunnelbane, T-bane** (m) | ['tʉnəl,bɑnə], ['tɛ:,bɑnə] |
| halte (bijv. kleine treinhalte) | **stasjon** (m) | [stɑ'ʂʊn] |
| de metro nemen | **å kjøre med T-bane** | [ɔ 'çœ:rə me 'tɛ:,bɑnə] |
| trein (de) | **tog** (n) | ['tɔg] |
| station (treinstation) | **togstasjon** (m) | ['tɔg,stɑ'ʂʊn] |

## 28. Stad. Het leven in de stad

| | | |
|---|---|---|
| stad (de) | **by** (m) | ['by] |
| hoofdstad (de) | **hovedstad** (m) | ['hʊvəd,stad] |
| dorp (het) | **landsby** (m) | ['lans,by] |
| plattegrond (de) | **bykart** (n) | ['by,kɑ:ʈ] |
| centrum (ov. een stad) | **sentrum** (n) | ['sɛntrum] |
| voorstad (de) | **forstad** (m) | ['fɔ,ʂtad] |
| voorstads- (abn) | **forstads-** | ['fɔ,ʂtads-] |
| randgemeente (de) | **utkant** (m) | ['ʉt,kant] |
| omgeving (de) | **omegner** (m pl) | ['ɔm,æjnər] |
| blok (huizenblok) | **kvarter** (n) | [kvɑ:ʈer] |
| woonwijk (de) | **boligkvarter** (n) | ['bʊli,kvɑ:'ʈer] |
| verkeer (het) | **trafikk** (m) | [tra'fik] |
| verkeerslicht (het) | **trafikklys** (n) | [tra'fik,lys] |
| openbaar vervoer (het) | **offentlig transport** (m) | ['ɔfentli trans'pɔ:ʈ] |
| kruispunt (het) | **veikryss** (n) | ['væjkrʏs] |
| zebrapad (oversteekplaats) | **fotgjengerovergang** (m) | ['fʊt,jɛŋər 'ɔvər,gaŋ] |
| onderdoorgang (de) | **undergang** (m) | ['ʉnər,gaŋ] |
| oversteken (de straat ~) | **å gå over** | [ɔ 'gɔ 'ɔvər] |
| voetganger (de) | **fotgjenger** (m) | ['fʊt,jɛŋər] |
| trottoir (het) | **fortau** (n) | ['fɔ:,ʈaʊ] |
| brug (de) | **bro** (m/f) | ['brʊ] |
| dijk (de) | **kai** (m/f) | ['kaj] |
| fontein (de) | **fontene** (m) | ['fʊntnə] |
| allee (de) | **allé** (m) | [a'le:] |
| park (het) | **park** (m) | ['park] |
| boulevard (de) | **bulevard** (m) | [bule'var] |
| plein (het) | **torg** (n) | ['tɔr] |
| laan (de) | **aveny** (m) | [ave'ny] |
| straat (de) | **gate** (m/f) | ['gatə] |
| zijstraat (de) | **sidegate** (m/f) | ['sidə,gatə] |
| doodlopende straat (de) | **blindgate** (m/f) | ['blin,gatə] |
| huis (het) | **hus** (n) | ['hʉs] |
| gebouw (het) | **bygning** (m/f) | ['bʏgniŋ] |
| wolkenkrabber (de) | **skyskraper** (m) | ['ʂy,skrapər] |
| gevel (de) | **fasade** (m) | [fa'sadə] |
| dak (het) | **tak** (n) | ['tak] |
| venster (het) | **vindu** (n) | ['vindʉ] |
| boog (de) | **bue** (m) | ['bʉ:ə] |
| pilaar (de) | **søyle** (m) | ['søjlə] |
| hoek (ov. een gebouw) | **hjørne** (n) | ['jœ:ɳə] |
| vitrine (de) | **utstillingsvindu** (n) | ['ʉt,stiliŋs 'vindʉ] |
| gevelreclame (de) | **skilt** (n) | ['ʂilt] |
| affiche (de/het) | **plakat** (m) | [pla'kat] |
| reclameposter (de) | **reklameplakat** (m) | [rɛ'klamə,pla'kat] |

| | | |
|---|---|---|
| aanplakbord (het) | **reklametavle** (m/f) | [rɛ'klamə,tavlə] |
| vuilnis (de/het) | **søppel** (m/f/n), **avfall** (n) | ['sœpəl], ['av,fal] |
| vuilnisbak (de) | **søppelkasse** (m/f) | ['sœpəl,kasə] |
| afval weggooien (ww) | **å kaste søppel** | [ɔ 'kastə 'sœpəl] |
| stortplaats (de) | **søppelfylling** (m/f), **deponi** (n) | ['sœpəl,fʏliŋ], [,depɔ'ni] |
| telefooncel (de) | **telefonboks** (m) | [tele'fʊn,bɔks] |
| straatlicht (het) | **lyktestolpe** (m) | ['lʏktə,stɔlpə] |
| bank (de) | **benk** (m) | ['bɛŋk] |
| politieagent (de) | **politi** (m) | [pʊli'ti] |
| politie (de) | **politi** (n) | [pʊli'ti] |
| zwerver (de) | **tigger** (m) | ['tigər] |
| dakloze (de) | **hjemløs** | ['jɛm,løs] |

## 29. Stedelijke instellingen

| | | |
|---|---|---|
| winkel (de) | **forretning, butikk** (m) | [fɔ'rɛtniŋ], [bʉ'tik] |
| apotheek (de) | **apotek** (n) | [apʊ'tek] |
| optiek (de) | **optikk** (m) | [ɔp'tik] |
| winkelcentrum (het) | **kjøpesenter** (n) | ['çœpə,sɛntər] |
| supermarkt (de) | **supermarked** (n) | ['sʉpə,market] |
| bakkerij (de) | **bakeri** (n) | [bake'ri] |
| bakker (de) | **baker** (m) | ['bakər] |
| banketbakkerij (de) | **konditori** (n) | [kʊnditɔ'ri] |
| kruidenier (de) | **matbutikk** (m) | ['matbʉ,tik] |
| slagerij (de) | **slakterbutikk** (m) | ['ʂlaktəbʉ,tik] |
| groentewinkel (de) | **grønnsaksbutikk** (m) | ['grœn,saks bʉ'tik] |
| markt (de) | **marked** (n) | ['markəd] |
| koffiehuis (het) | **kafé, kaffebar** (m) | [ka'fe], ['kafə,bar] |
| restaurant (het) | **restaurant** (m) | [rɛstʊ'raŋ] |
| bar (de) | **pub** (m) | ['pʉb] |
| pizzeria (de) | **pizzeria** (m) | [pitsə'ria] |
| kapperssalon (de/het) | **frisørsalong** (m) | [fri'sør sa,lɔŋ] |
| postkantoor (het) | **post** (m) | ['pɔst] |
| stomerij (de) | **renseri** (n) | [rɛnse'ri] |
| fotostudio (de) | **fotostudio** (n) | ['fɔtɔ,stʉdiɔ] |
| schoenwinkel (de) | **skobutikk** (m) | ['skʊ,bʉ'tik] |
| boekhandel (de) | **bokhandel** (m) | ['bʊk,handəl] |
| sportwinkel (de) | **idrettsbutikk** (m) | ['idrɛts bʉ'tik] |
| kledingreparatie (de) | **reparasjon** (m) **av klær** | [repara'ʂʊn a: ,klær] |
| kledingverhuur (de) | **leie** (m/f) **av klær** | ['læjə a: ,klær] |
| videotheek (de) | **filmutleie** (m/f) | ['film,ʉt'læje] |
| circus (de/het) | **sirkus** (m/n) | ['sirkʉs] |
| dierentuin (de) | **zoo, dyrepark** (m) | ['sʊ:], [dyrə'park] |
| bioscoop (de) | **kino** (m) | ['çinʊ] |
| museum (het) | **museum** (n) | [mʉ'seum] |

| | | |
|---|---|---|
| bibliotheek (de) | **bibliotek** (n) | [bibliʊ'tek] |
| theater (het) | **teater** (n) | [te'atər] |
| opera (de) | **opera** (m) | ['ʊpera] |
| nachtclub (de) | **nattklubb** (m) | ['nat,klʉb] |
| casino (het) | **kasino** (n) | [ka'sinʊ] |
| moskee (de) | **moské** (m) | [mʊ'ske] |
| synagoge (de) | **synagoge** (m) | [syna'gʊgə] |
| kathedraal (de) | **katedral** (m) | [kate'dral] |
| tempel (de) | **tempel** (n) | ['tɛmpəl] |
| kerk (de) | **kirke** (m/f) | ['çirkə] |
| instituut (het) | **institutt** (n) | [insti'tʉt] |
| universiteit (de) | **universitet** (n) | [ʉnivæʂi'tet] |
| school (de) | **skole** (m/f) | ['skʊlə] |
| gemeentehuis (het) | **prefektur** (n) | [prɛfɛk'tʉr] |
| stadhuis (het) | **rådhus** (n) | ['rɔd,hʉs] |
| hotel (het) | **hotell** (n) | [hʊ'tɛl] |
| bank (de) | **bank** (m) | ['bank] |
| ambassade (de) | **ambassade** (m) | [amba'sadə] |
| reisbureau (het) | **reisebyrå** (n) | ['ræjsə by,ro] |
| informatieloket (het) | **opplysningskontor** (n) | [ɔp'lʏsniŋs kʊn'tʊr] |
| wisselkantoor (het) | **vekslingskontor** (n) | ['vɛkʂliŋs kʊn'tʊr] |
| metro (de) | **tunnelbane, T-bane** (m) | ['tʉnəl,banə], ['tɛː,banə] |
| ziekenhuis (het) | **sykehus** (n) | ['sykə,hʉs] |
| benzinestation (het) | **bensinstasjon** (m) | [bɛn'sin,sta'ʂʊn] |
| parking (de) | **parkeringsplass** (m) | [par'keriŋs,plas] |

## 30. Borden

| | | |
|---|---|---|
| gevelreclame (de) | **skilt** (n) | ['ʂilt] |
| opschrift (het) | **innskrift** (m/f) | ['in,skrift] |
| poster (de) | **plakat, poster** (m) | ['pla,kat], ['pɔstər] |
| wegwijzer (de) | **veiviser** (m) | ['væj,visər] |
| pijl (de) | **pil** (m/f) | ['pil] |
| waarschuwing (verwittiging) | **advarsel** (m) | ['ad,vaʂəl] |
| waarschuwingsbord (het) | **varselskilt** (n) | ['vaʂəl,ʂilt] |
| waarschuwen (ww) | **å varsle** | [ɔ 'vaʂlə] |
| vrije dag (de) | **fridag** (m) | ['fri,da] |
| dienstregeling (de) | **rutetabell** (m) | ['rʉtə,ta'bɛl] |
| openingsuren (mv.) | **åpningstider** (m/f pl) | ['ɔpniŋs,tidər] |
| WELKOM! | **VELKOMMEN!** | ['vɛl,kɔmən] |
| INGANG | **INNGANG** | ['in,gaŋ] |
| UITGANG | **UTGANG** | ['ʉt,gaŋ] |
| DUWEN | **SKYV** | ['ʂyv] |
| TREKKEN | **TREKK** | ['trɛk] |

| | | |
|---|---|---|
| OPEN | **ÅPENT** | ['ɔpənt] |
| GESLOTEN | **STENGT** | ['stɛŋt] |
| DAMES | **DAMER** | ['damər] |
| HEREN | **HERRER** | ['hærər] |
| KORTING | **RABATT** | [ra'bat] |
| UITVERKOOP | **SALG** | ['salg] |
| NIEUW! | **NYTT!** | ['nʏt] |
| GRATIS | **GRATIS** | ['gratis] |
| PAS OP! | **FORSIKTIG!** | [fʊ'ʂiktə] |
| VOLGEBOEKT | **INGEN LEDIGE ROM** | ['iŋən 'lediə rʊm] |
| GERESERVEERD | **RESERVERT** | [resɛr'vɛ:ʈ] |
| ADMINISTRATIE | **ADMINISTRASJON** | [administra'ʂʊn] |
| ALLEEN VOOR PERSONEEL | **KUN FOR ANSATTE** | ['kʉn fɔr an'satə] |
| GEVAARLIJKE HOND | **VOKT DEM FOR HUNDEN** | ['vɔkt dem fɔ 'hʉnən] |
| VERBODEN TE ROKEN! | **RØYKING FORBUDT** | ['røjkiŋ fɔr'bʉt] |
| NIET AANRAKEN! | **IKKE RØR!** | ['ikə 'rør] |
| GEVAARLIJK | **FARLIG** | ['fɑ:ɭi] |
| GEVAAR | **FARE** | ['farə] |
| HOOGSPANNING | **HØYSPENNING** | ['høj,spɛniŋ] |
| VERBODEN TE ZWEMMEN | **BADING FORBUDT** | ['badiŋ fɔr'bʉt] |
| BUITEN GEBRUIK | **I USTAND** | [i 'ʉ,stan] |
| ONTVLAMBAAR | **BRANNFARLIG** | ['bran,fɑ:ɭi] |
| VERBODEN | **FORBUDT** | [fɔr'bʉt] |
| DOORGANG VERBODEN | **INGEN INNKJØRING** | ['iŋən 'in,çœriŋ] |
| OPGELET PAS GEVERFD | **NYMALT** | ['ny,malt] |

## 31. Winkelen

| | | |
|---|---|---|
| kopen (ww) | **å kjøpe** | [ɔ 'çœ:pə] |
| aankoop (de) | **innkjøp** (n) | ['in,çœp] |
| winkelen (ww) | **å gå shopping** | [ɔ 'gɔ ,ʂɔpiŋ] |
| winkelen (het) | **shopping** (m) | ['ʂɔpiŋ] |
| open zijn (ov. een winkel, enz.) | **å være åpen** | [ɔ 'værə 'ɔpən] |
| gesloten zijn (ww) | **å være stengt** | [ɔ 'værə 'stɛŋt] |
| schoeisel (het) | **skotøy** (n) | ['skʊtøj] |
| kleren (mv.) | **klær** (n) | ['klær] |
| cosmetica (de) | **kosmetikk** (m) | [kʊsme'tik] |
| voedingswaren (mv.) | **matvarer** (m/f pl) | ['mat,varər] |
| geschenk (het) | **gave** (m/f) | ['gavə] |
| verkoper (de) | **forselger** (m) | [fɔ'ʂɛlər] |
| verkoopster (de) | **forselger** (m) | [fɔ'ʂɛlər] |
| kassa (de) | **kasse** (m/f) | ['kasə] |

| | | |
|---|---|---|
| spiegel (de) | **speil** (n) | ['spæjl] |
| toonbank (de) | **disk** (m) | ['disk] |
| paskamer (de) | **prøverom** (n) | ['prøvə,rʊm] |
| aanpassen (ww) | **å prøve** | [ɔ 'prøvə] |
| passen (ov. kleren) | **å passe** | [ɔ 'pɑsə] |
| bevallen (prettig vinden) | **å like** | [ɔ 'likə] |
| prijs (de) | **pris** (m) | ['pris] |
| prijskaartje (het) | **prislapp** (m) | ['pris,lɑp] |
| kosten (ww) | **å koste** | [ɔ 'kɔstə] |
| Hoeveel? | **Hvor mye?** | [vʊr 'mye] |
| korting (de) | **rabatt** (m) | [rɑ'bɑt] |
| niet duur (bn) | **billig** | ['bili] |
| goedkoop (bn) | **billig** | ['bili] |
| duur (bn) | **dyr** | ['dyr] |
| Dat is duur. | **Det er dyrt** | [de ær 'dy:ʈ] |
| verhuur (de) | **utleie** (m/f) | ['ʉt,læje] |
| huren (smoking, enz.) | **å leie** | [ɔ 'læjə] |
| krediet (het) | **kreditt** (m) | [krɛ'dit] |
| op krediet (bw) | **på kreditt** | [pɔ krɛ'dit] |

# KLEDING EN ACCESSOIRES

## 32. Bovenkleding. Jassen

| | | |
|---|---|---|
| kleren (mv.), kleding (de) | **klær** (n) | ['klær] |
| bovenkleding (de) | **yttertøy** (n) | ['ytə,tøj] |
| winterkleding (de) | **vinterklær** (n pl) | ['vintər,klær] |
| jas (de) | **frakk** (m), **kåpe** (m/f) | ['frɑk], ['ko:pə] |
| bontjas (de) | **pels** (m), **pelskåpe** (m/f) | ['pɛls], ['pɛls,ko:pə] |
| bontjasje (het) | **pelsjakke** (m/f) | ['pɛls,jakə] |
| donzen jas (de) | **dunjakke** (m/f) | ['dʉn,jakə] |
| jasje (bijv. een leren ~) | **jakke** (m/f) | ['jakə] |
| regenjas (de) | **regnfrakk** (m) | ['ræjn,frɑk] |
| waterdicht (bn) | **vanntett** | ['vɑn,tɛt] |

## 33. Heren & dames kleding

| | | |
|---|---|---|
| overhemd (het) | **skjorte** (m/f) | ['ʂœ:ʈə] |
| broek (de) | **bukse** (m) | ['bʉksə] |
| jeans (de) | **jeans** (m) | ['dʒins] |
| colbert (de) | **dressjakke** (m/f) | ['drɛs,jakə] |
| kostuum (het) | **dress** (m) | ['drɛs] |
| jurk (de) | **kjole** (m) | ['çulə] |
| rok (de) | **skjørt** (n) | ['ʂø:ʈ] |
| blouse (de) | **bluse** (m) | ['blʉsə] |
| wollen vest (de) | **strikket trøye** (m/f) | ['strikə 'trøjə] |
| blazer (kort jasje) | **blazer** (m) | ['blæsər] |
| T-shirt (het) | **T-skjorte** (m/f) | ['te,ʂœ:ʈə] |
| shorts (mv.) | **shorts** (m) | ['ʂɔ:ʈs] |
| trainingspak (het) | **treningsdrakt** (m/f) | ['treniŋs,drɑkt] |
| badjas (de) | **badekåpe** (m/f) | ['badə,ko:pə] |
| pyjama (de) | **pyjamas** (m) | [py'ʂɑmɑs] |
| sweater (de) | **sweater** (m) | ['svɛtər] |
| pullover (de) | **pullover** (m) | [pʉ'lɔvər] |
| gilet (het) | **vest** (m) | ['vɛst] |
| rokkostuum (het) | **livkjole** (m) | ['liv,çulə] |
| smoking (de) | **smoking** (m) | ['smɔkiŋ] |
| uniform (het) | **uniform** (m) | [ʉni'fɔrm] |
| werkkleding (de) | **arbeidsklær** (n pl) | ['ɑrbæjds,klær] |
| overall (de) | **kjeledress, overall** (m) | ['çelə,drɛs], ['ɔvɛr,ɔl] |
| doktersjas (de) | **kittel** (m) | ['çitəl] |

## 34. Kleding. Ondergoed

| | | |
|---|---|---|
| ondergoed (het) | **undertøy** (n) | ['ʉnəˌtøj] |
| herenslip (de) | **underbukse** (m/f) | ['ʉnərˌbʉksə] |
| slipjes (mv.) | **truse** (m/f) | ['trʉsə] |
| onderhemd (het) | **undertrøye** (m/f) | ['ʉnəˌtrøjə] |
| sokken (mv.) | **sokker** (m pl) | ['sɔkər] |
| nachthemd (het) | **nattkjole** (m) | ['natˌçulə] |
| beha (de) | **behå** (m) | ['beˌhɔ] |
| kniekousen (mv.) | **knestrømper** (m/f pl) | ['knɛˌstrømpər] |
| panty (de) | **strømpebukse** (m/f) | ['strømpəˌbʉksə] |
| nylonkousen (mv.) | **strømper** (m/f pl) | ['strømpər] |
| badpak (het) | **badedrakt** (m/f) | ['badəˌdrakt] |

## 35. Hoofddeksels

| | | |
|---|---|---|
| hoed (de) | **hatt** (m) | ['hat] |
| deukhoed (de) | **hatt** (m) | ['hat] |
| honkbalpet (de) | **baseball cap** (m) | ['bɛjsbɔl kɛp] |
| kleppet (de) | **sikspens** (m) | ['sikspens] |
| baret (de) | **alpelue, baskerlue** (m/f) | ['alpəˌlʉə], ['baskəˌlʉə] |
| kap (de) | **hette** (m/f) | ['hɛtə] |
| panamahoed (de) | **panamahatt** (m) | ['panamaˌhat] |
| gebreide muts (de) | **strikket lue** (m/f) | ['strikəˌlʉə] |
| hoofddoek (de) | **skaut** (n) | ['skaʊt] |
| dameshoed (de) | **hatt** (m) | ['hat] |
| veiligheidshelm (de) | **hjelm** (m) | ['jɛlm] |
| veldmuts (de) | **båtlue** (m/f) | ['bɔtˌlʉə] |
| helm, valhelm (de) | **hjelm** (m) | ['jɛlm] |
| bolhoed (de) | **bowlerhatt, skalk** (m) | ['bɔulerˌhat], ['skalk] |
| hoge hoed (de) | **flosshatt** (m) | ['flɔsˌhat] |

## 36. Schoeisel

| | | |
|---|---|---|
| schoeisel (het) | **skotøy** (n) | ['skʊtøj] |
| schoenen (mv.) | **skor** (m pl) | ['skʊr] |
| vrouwenschoenen (mv.) | **pumps** (m pl) | ['pʉmps] |
| laarzen (mv.) | **støvler** (m pl) | ['støvlər] |
| pantoffels (mv.) | **tøfler** (m pl) | ['tøflər] |
| sportschoenen (mv.) | **tennissko** (m pl) | ['tɛnisˌskʊ] |
| sneakers (mv.) | **canvas sko** (m pl) | ['kanvas ˌskʊ] |
| sandalen (mv.) | **sandaler** (m pl) | [san'dalər] |
| schoenlapper (de) | **skomaker** (m) | ['skʊˌmakər] |
| hiel (de) | **hæl** (m) | ['hæl] |

| | | |
|---|---|---|
| paar (een ~ schoenen) | **par** (n) | ['par] |
| veter (de) | **skolisse** (m/f) | ['sku,lisə] |
| rijgen (schoenen ~) | **å snøre** | [ɔ 'snørə] |
| schoenlepel (de) | **skohorn** (n) | ['sku,hu:ɲ] |
| schoensmeer (de/het) | **skokrem** (m) | ['sku,krɛm] |

## 37. Persoonlijke accessoires

| | | |
|---|---|---|
| handschoenen (mv.) | **hansker** (m pl) | ['hanskər] |
| wanten (mv.) | **votter** (m pl) | ['vɔtər] |
| sjaal (fleece ~) | **skjerf** (n) | ['ʂærf] |
| bril (de) | **briller** (m pl) | ['brilər] |
| brilmontuur (het) | **innfatning** (m/f) | ['in,fatniŋ] |
| paraplu (de) | **paraply** (m) | [para'ply] |
| wandelstok (de) | **stokk** (m) | ['stɔk] |
| haarborstel (de) | **hårbørste** (m) | ['hɔr,bœʂtə] |
| waaier (de) | **vifte** (m/f) | ['viftə] |
| das (de) | **slips** (n) | ['slips] |
| strikje (het) | **sløyfe** (m/f) | ['ʂløjfə] |
| bretels (mv.) | **bukseseler** (m pl) | ['buksə'selər] |
| zakdoek (de) | **lommetørkle** (n) | ['lumə,tœrklə] |
| kam (de) | **kam** (m) | ['kam] |
| haarspeldje (het) | **hårspenne** (m/f/n) | ['ho:r,spɛnə] |
| schuifspeldje (het) | **hårnål** (m/f) | ['ho:r,nol] |
| gesp (de) | **spenne** (m/f/n) | ['spɛnə] |
| broekriem (de) | **belte** (m) | ['bɛltə] |
| draagriem (de) | **skulderreim, rem** (m/f) | ['skuldə,ræjm], ['rem] |
| handtas (de) | **veske** (m/f) | ['vɛskə] |
| damestas (de) | **håndveske** (m/f) | ['hɔn,vɛskə] |
| rugzak (de) | **ryggsekk** (m) | ['rʏg,sɛk] |

## 38. Kleding. Diversen

| | | |
|---|---|---|
| mode (de) | **mote** (m) | ['mutə] |
| de mode (bn) | **moteriktig** | ['mutə,rikti] |
| kledingstilist (de) | **moteskaper** (m) | ['mutə,skapər] |
| kraag (de) | **krage** (m) | ['kragə] |
| zak (de) | **lomme** (m/f) | ['lumə] |
| zak- (abn) | **lomme-** | ['lumə-] |
| mouw (de) | **erme** (n) | ['ærmə] |
| lusje (het) | **hempe** (m) | ['hɛmpə] |
| gulp (de) | **gylf, buksesmekk** (m) | ['gylf], ['buksə,smɛk] |
| rits (de) | **glidelås** (m/n) | ['glidə,lɔs] |
| sluiting (de) | **hekte** (m/f), **knepping** (m) | ['hɛktə], ['knɛpiŋ] |
| knoop (de) | **knapp** (m) | ['knap] |

| | | |
|---|---|---|
| knoopsgat (het) | **klapphull** (n) | ['klap,hʉl] |
| losraken (bijv. knopen) | **å falle av** | [ɔ 'falə ɑ:] |
| | | |
| naaien (kleren, enz.) | **å sy** | [ɔ 'sy] |
| borduren (ww) | **å brodere** | [ɔ brʊ'derə] |
| borduursel (het) | **broderi** (n) | [brʊde'ri] |
| naald (de) | **synål** (m/f) | ['sy,nɔl] |
| draad (de) | **tråd** (m) | ['trɔ] |
| naad (de) | **søm** (m) | ['søm] |
| | | |
| vies worden (ww) | **å skitne seg til** | [ɔ 'ʂitnə sæj til] |
| vlek (de) | **flekk** (m) | ['flek] |
| gekreukt raken (ov. kleren) | **å bli skrukkete** | [ɔ 'bli 'skrʉketə] |
| scheuren (ov.ww.) | **å rive** | [ɔ 'rivə] |
| mot (de) | **møll** (m/n) | ['møl] |

## 39. Persoonlijke verzorging. Schoonheidsmiddelen

| | | |
|---|---|---|
| tandpasta (de) | **tannpasta** (m) | ['tan,pasta] |
| tandenborstel (de) | **tannbørste** (m) | ['tan,bœʂtə] |
| tanden poetsen (ww) | **å pusse tennene** | [ɔ 'pʉsə 'tɛnənə] |
| | | |
| scheermes (het) | **høvel** (m) | ['høvəl] |
| scheerschuim (het) | **barberkrem** (m) | [bar'bɛr,krɛm] |
| zich scheren (ww) | **å barbere seg** | [ɔ bar'berə sæj] |
| | | |
| zeep (de) | **såpe** (m/f) | ['so:pə] |
| shampoo (de) | **sjampo** (m) | ['ʂam,pʊ] |
| | | |
| schaar (de) | **saks** (m/f) | ['saks] |
| nagelvijl (de) | **neglefil** (m/f) | ['nɛjlə,fil] |
| nagelknipper (de) | **negleklipper** (m) | ['nɛjlə,klipər] |
| pincet (het) | **pinsett** (m) | [pin'sɛt] |
| | | |
| cosmetica (de) | **kosmetikk** (m) | [kʊsme'tik] |
| masker (het) | **ansiktsmaske** (m/f) | ['ansikts,maskə] |
| manicure (de) | **manikyr** (m) | [mani'kyr] |
| manicure doen | **å få manikyr** | [ɔ 'fɔ mani'kyr] |
| pedicure (de) | **pedikyr** (m) | [pedi'kyr] |
| | | |
| cosmetica tasje (het) | **sminkeveske** (m/f) | ['sminkə,vɛskə] |
| poeder (de/het) | **pudder** (n) | ['pʉdər] |
| poederdoos (de) | **pudderdåse** (m) | ['pʉdər,do:sə] |
| rouge (de) | **rouge** (m) | ['ru:ʂ] |
| | | |
| parfum (de/het) | **parfyme** (m) | [par'fymə] |
| eau de toilet (de) | **eau de toilette** (m) | ['ɔ: də twa'let] |
| lotion (de) | **lotion** (m) | ['lɔʊʂɛn] |
| eau de cologne (de) | **eau de cologne** (m) | ['ɔ: də kɔ'lɔɲ] |
| | | |
| oogschaduw (de) | **øyeskygge** (m) | ['øjə,ʂygə] |
| oogpotlood (het) | **eyeliner** (m) | ['a:j,lajnər] |
| mascara (de) | **maskara** (m) | [ma'skara] |
| lippenstift (de) | **leppestift** (m) | ['lepə,stift] |

| | | |
|---|---|---|
| nagellak (de) | **neglelakk** (m) | ['nɛjlə,lɑk] |
| haarlak (de) | **hårlakk** (m) | ['ho:r,lɑk] |
| deodorant (de) | **deodorant** (m) | [deudʊ'rɑnt] |
| crème (de) | **krem** (m) | ['krɛm] |
| gezichtscrème (de) | **ansiktskrem** (m) | ['ɑnsikts,krɛm] |
| handcrème (de) | **håndkrem** (m) | ['hɔn,krɛm] |
| antirimpelcrème (de) | **antirynkekrem** (m) | [ɑnti'rʏnkə,krɛm] |
| dagcrème (de) | **dagkrem** (m) | ['dɑg,krɛm] |
| nachtcrème (de) | **nattkrem** (m) | ['nɑt,krɛm] |
| dag- (abn) | **dag-** | ['dɑg-] |
| nacht- (abn) | **natt-** | ['nɑt-] |
| tampon (de) | **tampong** (m) | [tɑm'pɔŋ] |
| toiletpapier (het) | **toalettpapir** (n) | [tʊɑ'let pɑ'pir] |
| föhn (de) | **hårføner** (m) | ['ho:r,fønər] |

## 40. Horloges. Klokken

| | | |
|---|---|---|
| polshorloge (het) | **armbåndsur** (n) | ['ɑrmbɔns,ʉr] |
| wijzerplaat (de) | **urskive** (m/f) | ['ʉ:,ʂivə] |
| wijzer (de) | **viser** (m) | ['visər] |
| metalen horlogeband (de) | **armbånd** (n) | ['ɑrm,bɔn] |
| horlogebandje (het) | **rem** (m/f) | ['rem] |
| batterij (de) | **batteri** (n) | [bɑtɛ'ri] |
| leeg zijn (ww) | **å bli utladet** | [ɔ 'bli 'ʉt,lɑdət] |
| batterij vervangen | **å skifte batteriene** | [ɔ 'ʂiftə bɑtɛ'riene] |
| voorlopen (ww) | **å gå for fort** | [ɔ 'gɔ fɔ 'fɔ:ʈ] |
| achterlopen (ww) | **å gå for sakte** | [ɔ 'gɔ fɔ 'sɑktə] |
| wandklok (de) | **veggur** (n) | ['vɛg,ʉr] |
| zandloper (de) | **timeglass** (n) | ['timə,glɑs] |
| zonnewijzer (de) | **solur** (n) | ['sʊl,ʉr] |
| wekker (de) | **vekkerklokka** (m/f) | ['vɛkər,klɔkɑ] |
| horlogemaker (de) | **urmaker** (m) | ['ʉr,mɑkər] |
| repareren (ww) | **å reparere** | [ɔ repɑ'rerə] |

# ALLEDAAGSE ERVARING

## 41. Geld

| | | |
|---|---|---|
| geld (het) | **penger** (m pl) | ['pɛŋər] |
| ruil (de) | **veksling** (m/f) | ['vɛkʂliŋ] |
| koers (de) | **kurs** (m) | ['kʉʂ] |
| geldautomaat (de) | **minibank** (m) | ['mini,bɑnk] |
| muntstuk (de) | **mynt** (m) | ['mʏnt] |
| dollar (de) | **dollar** (m) | ['dɔlɑr] |
| euro (de) | **euro** (m) | ['ɛʉrʊ] |
| lire (de) | **lira** (m) | ['lire] |
| Duitse mark (de) | **mark** (m/f) | ['mɑrk] |
| frank (de) | **franc** (m) | ['frɑn] |
| pond sterling (het) | **pund sterling** (m) | ['pʉn stɛ:'ḷiŋ] |
| yen (de) | **yen** (m) | ['jɛn] |
| schuld (geldbedrag) | **skyld** (m/f), **gjeld** (m) | ['ʂyl], ['jɛl] |
| schuldenaar (de) | **skyldner** (m) | ['ʂylnər] |
| uitlenen (ww) | **å låne ut** | [ɔ 'lo:nə ʉt] |
| lenen (geld ~) | **å låne** | [ɔ 'lo:nə] |
| bank (de) | **bank** (m) | ['bɑnk] |
| bankrekening (de) | **konto** (m) | ['kɔntʊ] |
| storten (ww) | **å sette inn** | [ɔ 'sɛtə in] |
| op rekening storten | **å sette inn på kontoen** | [ɔ 'sɛtə in pɔ 'kɔntʊən] |
| opnemen (ww) | **å ta ut fra kontoen** | [ɔ 'tɑ ʉt frɑ 'kɔntʊən] |
| kredietkaart (de) | **kredittkort** (n) | [krɛ'dit,kɔ:ʈ] |
| baar geld (het) | **kontanter** (m pl) | [kʊn'tɑntər] |
| cheque (de) | **sjekk** (m) | ['ʂɛk] |
| een cheque uitschrijven | **å skrive en sjekk** | [ɔ 'skrivə en 'ʂɛk] |
| chequeboekje (het) | **sjekkbok** (m/f) | ['ʂɛk,bʊk] |
| portefeuille (de) | **lommebok** (m) | ['lʊmə,bʊk] |
| geldbeugel (de) | **pung** (m) | ['pʉŋ] |
| safe (de) | **safe, seif** (m) | ['sɛjf] |
| erfgenaam (de) | **arving** (m) | ['ɑrviŋ] |
| erfenis (de) | **arv** (m) | ['ɑrv] |
| fortuin (het) | **formue** (m) | ['fɔr,mʉə] |
| huur (de) | **leie** (m) | ['læje] |
| huurprijs (de) | **husleie** (m/f) | ['hʉs,læje] |
| huren (huis, kamer) | **å leie** | [ɔ 'læjə] |
| prijs (de) | **pris** (m) | ['pris] |
| kostprijs (de) | **kostnad** (m) | ['kɔstnɑd] |

| | | |
|---|---|---|
| som (de) | **sum** (m) | ['sʉm] |
| uitgeven (geld besteden) | **å bruke** | [ɔ 'brʉkə] |
| kosten (mv.) | **utgifter** (m/f pl) | ['ʉtˌjiftər] |
| bezuinigen (ww) | **å spare** | [ɔ 'sparə] |
| zuinig (bn) | **sparsom** | ['spaʂɔm] |
| betalen (ww) | **å betale** | [ɔ be'talə] |
| betaling (de) | **betaling** (m/f) | [be'taliŋ] |
| wisselgeld (het) | **vekslepenger** (pl) | ['vɛkʂləˌpɛŋər] |
| belasting (de) | **skatt** (m) | ['skat] |
| boete (de) | **bot** (m/f) | ['bʊt] |
| beboeten (bekeuren) | **å bøtelegge** | [ɔ 'bøtəˌlegə] |

## 42. Post. Postkantoor

| | | |
|---|---|---|
| postkantoor (het) | **post** (m) | ['pɔst] |
| post (de) | **post** (m) | ['pɔst] |
| postbode (de) | **postbud** (n) | ['pɔstˌbʉd] |
| openingsuren (mv.) | **åpningstider** (m/f pl) | ['ɔpniŋsˌtidər] |
| brief (de) | **brev** (n) | ['brev] |
| aangetekende brief (de) | **rekommandert brev** (n) | [rekʊman'dɛ:ʈ ˌbrev] |
| briefkaart (de) | **postkort** (n) | ['pɔstˌkɔ:ʈ] |
| telegram (het) | **telegram** (n) | [tele'gram] |
| postpakket (het) | **postpakke** (m/f) | ['pɔstˌpakə] |
| overschrijving (de) | **pengeoverføring** (m/f) | ['pɛŋə 'ɔverˌføriŋ] |
| ontvangen (ww) | **å motta** | [ɔ 'mɔta] |
| sturen (zenden) | **å sende** | [ɔ 'sɛnə] |
| verzending (de) | **avsending** (m) | ['afˌsɛniŋ] |
| adres (het) | **adresse** (m) | [a'drɛsə] |
| postcode (de) | **postnummer** (n) | ['pɔstˌnʉmər] |
| verzender (de) | **avsender** (m) | ['afˌsɛnər] |
| ontvanger (de) | **mottaker** (m) | ['mɔtˌtakər] |
| naam (de) | **fornavn** (n) | ['fɔrˌnavn] |
| achternaam (de) | **etternavn** (n) | ['ɛtəˌɳavn] |
| tarief (het) | **tariff** (m) | [ta'rif] |
| standaard (bn) | **vanlig** | ['vanli] |
| zuinig (bn) | **økonomisk** | [økʊ'nɔmisk] |
| gewicht (het) | **vekt** (m) | ['vɛkt] |
| afwegen (op de weegschaal) | **å veie** | [ɔ 'væje] |
| envelop (de) | **konvolutt** (m) | [kʊnvʊ'lʉt] |
| postzegel (de) | **frimerke** (n) | ['friˌmærkə] |
| een postzegel plakken op | **å sette på frimerke** | [ɔ 'sɛtə pɔ 'friˌmærkə] |

## 43. Bankieren

| | | |
|---|---|---|
| bank (de) | **bank** (m) | ['bank] |
| bankfiliaal (het) | **avdeling** (m) | ['avˌdeliŋ] |

| | | |
|---|---|---|
| bankbediende (de) | **konsulent** (m) | [kʊnsʉ'lent] |
| manager (de) | **forstander** (m) | [fɔ'ʂtandər] |
| bankrekening (de) | **bankkonto** (m) | ['bank,kɔntʊ] |
| rekeningnummer (het) | **kontonummer** (n) | ['kɔntʊ,nʉmər] |
| lopende rekening (de) | **sjekkonto** (m) | ['ʂɛk,kɔntʊ] |
| spaarrekening (de) | **sparekonto** (m) | ['spare,kɔntʊ] |
| een rekening openen | **å åpne en konto** | [ɔ 'ɔpnə en 'kɔntʊ] |
| de rekening sluiten | **å lukke kontoen** | [ɔ 'lʉkə 'kɔntʊən] |
| op rekening storten | **å sette inn på kontoen** | [ɔ 'sɛtə in pɔ 'kɔntʊən] |
| opnemen (ww) | **å ta ut fra kontoen** | [ɔ 'ta ʉt fra 'kɔntʊən] |
| storting (de) | **innskudd** (n) | ['in,skʉd] |
| een storting maken | **å sette inn** | [ɔ 'sɛtə in] |
| overschrijving (de) | **overføring** (m/f) | ['ɔvər,føriŋ] |
| een overschrijving maken | **å overføre** | [ɔ 'ɔvər,førə] |
| som (de) | **sum** (m) | ['sʉm] |
| Hoeveel? | **Hvor mye?** | [vʊr 'mye] |
| handtekening (de) | **underskrift** (m/f) | ['ʉnə,ʂkrift] |
| ondertekenen (ww) | **å underskrive** | [ɔ 'ʉnə,ʂkrivə] |
| kredietkaart (de) | **kredittkort** (n) | [krɛ'dit,kɔ:ʈ] |
| code (de) | **kode** (m) | ['kʊdə] |
| kredietkaartnummer (het) | **kreditkortnummer** (n) | [krɛ'dit,kɔ:ʈ 'nʉmər] |
| geldautomaat (de) | **minibank** (m) | ['mini,bank] |
| cheque (de) | **sjekk** (m) | ['ʂɛk] |
| een cheque uitschrijven | **å skrive en sjekk** | [ɔ 'skrivə en 'ʂɛk] |
| chequeboekje (het) | **sjekkbok** (m/f) | ['ʂɛk,bʊk] |
| lening, krediet (de) | **lån** (n) | ['lɔn] |
| een lening aanvragen | **å søke om lån** | [ɔ ,søkə ɔm 'lɔn] |
| een lening nemen | **å få lån** | [ɔ 'fɔ 'lɔn] |
| een lening verlenen | **å gi lån** | [ɔ 'ji 'lɔn] |
| garantie (de) | **garanti** (m) | [garan'ti] |

## 44. Telefoon. Telefoongesprek

| | | |
|---|---|---|
| telefoon (de) | **telefon** (m) | [tele'fʊn] |
| mobieltje (het) | **mobiltelefon** (m) | [mʊ'bil tele'fʊn] |
| antwoordapparaat (het) | **telefonsvarer** (m) | [tele'fʊn,svarər] |
| bellen (ww) | **å ringe** | [ɔ 'riŋə] |
| belletje (telefoontje) | **telefonsamtale** (m) | [tele'fʊn 'sam,talə] |
| een nummer draaien | **å slå et nummer** | [ɔ 'ʂlɔ et 'nʉmər] |
| Hallo! | **Hallo!** | [ha'lʊ] |
| vragen (ww) | **å spørre** | [ɔ 'spørə] |
| antwoorden (ww) | **å svare** | [ɔ 'svarə] |
| horen (ww) | **å høre** | [ɔ 'hørə] |
| goed (bw) | **godt** | ['gɔt] |

| | | |
|---|---|---|
| slecht (bw) | **dårlig** | ['do:[i] |
| storingen (mv.) | **støy** (m) | ['støj] |
| hoorn (de) | **telefonrør** (n) | [tele'fʊn,rør] |
| opnemen (ww) | **å ta telefonen** | [ɔ 'ta tele'fʊnən] |
| ophangen (ww) | **å legge på røret** | [ɔ 'legə pɔ 'røre] |
| bezet (bn) | **opptatt** | ['ɔp,tat] |
| overgaan (ww) | **å ringe** | [ɔ 'riŋə] |
| telefoonboek (het) | **telefonkatalog** (m) | [tele'fʊn kata'lɔg] |
| lokaal (bn) | **lokal-** | [lɔ'kal-] |
| lokaal gesprek (het) | **lokalsamtale** (m) | [lɔ'kal 'sam,tale] |
| interlokaal (bn) | **riks-** | ['riks-] |
| interlokaal gesprek (het) | **rikssamtale** (m) | ['riks 'sam,tale] |
| buitenlands (bn) | **internasjonal** | ['intɛ:ɳaʂʊ,nal] |
| buitenlands gesprek (het) | **internasjonal samtale** (m) | ['intɛ:ɳaʂʊ,nal 'sam,tale] |

## 45. Mobiele telefoon

| | | |
|---|---|---|
| mobieltje (het) | **mobiltelefon** (m) | [mʊ'bil tele'fʊn] |
| scherm (het) | **skjerm** (m) | ['ʂærm] |
| toets, knop (de) | **knapp** (m) | ['knap] |
| simkaart (de) | **SIM-kort** (n) | ['sim,kɔ:ʈ] |
| batterij (de) | **batteri** (n) | [batɛ'ri] |
| leeg zijn (ww) | **å bli utladet** | [ɔ 'bli 'ʉt,ladət] |
| acculader (de) | **lader** (m) | ['ladər] |
| menu (het) | **meny** (m) | [me'ny] |
| instellingen (mv.) | **innstillinger** (m/f pl) | ['in,stiliŋər] |
| melodie (beltoon) | **melodi** (m) | [melɔ'di] |
| selecteren (ww) | **å velge** | [ɔ 'vɛlgə] |
| rekenmachine (de) | **regnemaskin** (m) | ['rɛjnə ma,ʂin] |
| voicemail (de) | **telefonsvarer** (m) | [tele'fʊn,svarər] |
| wekker (de) | **vekkerklokka** (m/f) | ['vɛkər,klɔka] |
| contacten (mv.) | **kontakter** (m pl) | [kʊn'taktər] |
| SMS-bericht (het) | **SMS-beskjed** (m) | [ɛsɛm'ɛs bɛ,ʂɛ] |
| abonnee (de) | **abonnent** (m) | [abɔ'nɛnt] |

## 46. Schrijfbehoeften

| | | |
|---|---|---|
| balpen (de) | **kulepenn** (m) | ['kʉ:lə,pɛn] |
| vulpen (de) | **fyllepenn** (m) | ['fʏlə,pɛn] |
| potlood (het) | **blyant** (m) | ['bly,ant] |
| marker (de) | **merkepenn** (m) | ['mærkə,pɛn] |
| viltstift (de) | **tusjpenn** (m) | ['tʉʂ,pɛn] |
| notitieboekje (het) | **notatbok** (m/f) | [nʊ'tat,bʊk] |
| agenda (boekje) | **dagbok** (m/f) | ['dag,bʊk] |

| | | |
|---|---|---|
| liniaal (de/het) | **linjal** (m) | [li'njal] |
| rekenmachine (de) | **regnemaskin** (m) | ['rɛjnə ma,ʂin] |
| gom (de) | **viskelær** (n) | ['viskə,lær] |
| punaise (de) | **tegnestift** (m) | ['tæjnə,stift] |
| paperclip (de) | **binders** (m) | ['bindɛʂ] |
| lijm (de) | **lim** (n) | ['lim] |
| nietmachine (de) | **stiftemaskin** (m) | ['stiftə ma,ʂin] |
| perforator (de) | **hullemaskin** (m) | ['hʉlə ma,ʂin] |
| potloodslijper (de) | **blyantspisser** (m) | ['blyant,spisər] |

## 47. Vreemde talen

| | | |
|---|---|---|
| taal (de) | **språk** (n) | ['sprɔk] |
| vreemd (bn) | **fremmed-** | ['fremə-] |
| vreemde taal (de) | **fremmedspråk** (n) | ['fremed,sprɔk] |
| leren (bijv. van buiten ~) | **å studere** | [ɔ stʉ'derə] |
| studeren (Nederlands ~) | **å lære** | [ɔ 'lærə] |
| lezen (ww) | **å lese** | [ɔ 'lesə] |
| spreken (ww) | **å tale** | [ɔ 'talə] |
| begrijpen (ww) | **å forstå** | [ɔ fɔ'ʂtɔ] |
| schrijven (ww) | **å skrive** | [ɔ 'skrivə] |
| snel (bw) | **fort** | ['fʊ:ʈ] |
| langzaam (bw) | **langsomt** | ['laŋsɔmt] |
| vloeiend (bw) | **flytende** | ['flytnə] |
| regels (mv.) | **regler** (m pl) | ['rɛglər] |
| grammatica (de) | **grammatikk** (m) | [grama'tik] |
| vocabulaire (het) | **ordforråd** (n) | ['u:rfʊ,rɔd] |
| fonetiek (de) | **fonetikk** (m) | [fʊne'tik] |
| leerboek (het) | **lærebok** (m/f) | ['lærə,bʊk] |
| woordenboek (het) | **ordbok** (m/f) | ['u:r,bʊk] |
| leerboek (het) voor zelfstudie | **lærebok for selvstudium** (m/f) | ['lærə,bʊk fɔ 'sel,stʉdium] |
| taalgids (de) | **parlør** (m) | [pa:'ɭør] |
| cassette (de) | **kassett** (m) | [ka'sɛt] |
| videocassette (de) | **videokassett** (m) | ['videʊ ka'sɛt] |
| CD (de) | **CD-rom** (m) | ['sɛdɛ,rʊm] |
| DVD (de) | **DVD** (m) | [deve'de] |
| alfabet (het) | **alfabet** (n) | [alfa'bet] |
| spellen (ww) | **å stave** | [ɔ 'stavə] |
| uitspraak (de) | **uttale** (m) | ['ʉt,talə] |
| accent (het) | **aksent** (m) | [ak'saŋ] |
| met een accent (bw) | **med aksent** | [me ak'saŋ] |
| zonder accent (bw) | **uten aksent** | ['ʉtən ak'saŋ] |
| woord (het) | **ord** (n) | ['u:r] |
| betekenis (de) | **betydning** (m) | [be'tʏdniŋ] |

| | | |
|---|---|---|
| cursus (de) | **kurs** (n) | ['kʉʂ] |
| zich inschrijven (ww) | **å anmelde seg** | [ɔ 'an,mɛlə sæj] |
| leraar (de) | **lærer** (m) | ['lærər] |
| vertaling (een ~ maken) | **oversettelse** (m) | ['ɔvə,ʂɛtəlsə] |
| vertaling (tekst) | **oversettelse** (m) | ['ɔvə,ʂɛtəlsə] |
| vertaler (de) | **oversetter** (m) | ['ɔvə,ʂɛtər] |
| tolk (de) | **tolk** (m) | ['tɔlk] |
| polyglot (de) | **polyglott** (m) | [pʊlʏ'glɔt] |
| geheugen (het) | **minne** (n), **hukommelse** (m) | ['minə], [hʉ'kɔməlsə] |

# MAALTIJDEN. RESTAURANT

## 48. Tafelschikking

| | | |
|---|---|---|
| lepel (de) | **skje** (m) | ['şe] |
| mes (het) | **kniv** (m) | ['kniv] |
| vork (de) | **gaffel** (m) | ['gɑfəl] |
| kopje (het) | **kopp** (m) | ['kɔp] |
| bord (het) | **tallerken** (m) | [tɑ'lærkən] |
| schoteltje (het) | **tefat** (n) | ['te,fɑt] |
| servet (het) | **serviett** (m) | [sɛrvi'ɛt] |
| tandenstoker (de) | **tannpirker** (m) | ['tɑn,pirkər] |

## 49. Restaurant

| | | |
|---|---|---|
| restaurant (het) | **restaurant** (m) | [rɛstʊ'rɑŋ] |
| koffiehuis (het) | **kafé, kaffebar** (m) | [kɑ'fe], ['kɑfə,bɑr] |
| bar (de) | **bar** (m) | ['bɑr] |
| tearoom (de) | **tesalong** (m) | ['tesɑ,lɔŋ] |
| kelner, ober (de) | **servitør** (m) | ['særvi'tør] |
| serveerster (de) | **servitrise** (m/f) | [særvi'trisə] |
| barman (de) | **bartender** (m) | ['bɑ:,tɛndər] |
| menu (het) | **meny** (m) | [me'ny] |
| wijnkaart (de) | **vinkart** (n) | ['vin,kɑ:ʈ] |
| een tafel reserveren | **å reservere bord** | [ɔ resɛr'verə 'bʊr] |
| gerecht (het) | **rett** (m) | ['rɛt] |
| bestellen (eten ~) | **å bestille** | [ɔ be'stilə] |
| een bestelling maken | **å bestille** | [ɔ be'stilə] |
| aperitief (de/het) | **aperitiff** (m) | [ɑperi'tif] |
| voorgerecht (het) | **forrett** (m) | ['fɔrɛt] |
| dessert (het) | **dessert** (m) | [de'sɛ:r] |
| rekening (de) | **regning** (m/f) | ['rɛjniŋ] |
| de rekening betalen | **å betale regningen** | [ɔ be'tɑlə 'rɛjniŋən] |
| wisselgeld teruggeven | **å gi tilbake veksel** | [ɔ ji til'bɑkə 'vɛksəl] |
| fooi (de) | **driks** (m) | ['driks] |

## 50. Maaltijden

| | | |
|---|---|---|
| eten (het) | **mat** (m) | ['mɑt] |
| eten (ww) | **å spise** | [ɔ 'spisə] |

| | | |
|---|---|---|
| ontbijt (het) | **frokost** (m) | ['frʊkɔst] |
| ontbijten (ww) | **å spise frokost** | [ɔ 'spisə ˌfrʊkɔst] |
| lunch (de) | **lunsj, lunch** (m) | ['lʉnʂ] |
| lunchen (ww) | **å spise lunsj** | [ɔ 'spisə ˌlʉnʂ] |
| avondeten (het) | **middag** (m) | ['miˌdɑ] |
| souperen (ww) | **å spise middag** | [ɔ 'spisə 'miˌdɑ] |
| eetlust (de) | **appetitt** (m) | [ɑpe'tit] |
| Eet smakelijk! | **God appetitt!** | ['gʊ ɑpe'tit] |
| openen (een fles ~) | **å åpne** | [ɔ 'ɔpnə] |
| morsen (koffie, enz.) | **å spille** | [ɔ 'spilə] |
| zijn gemorst | **å bli spilt** | [ɔ 'bli 'spilt] |
| koken (water kookt bij 100°C) | **å koke** | [ɔ 'kʊkə] |
| koken (Hoe om water te ~) | **å koke** | [ɔ 'kʊkə] |
| gekookt (~ water) | **kokt** | ['kʊkt] |
| afkoelen (koeler maken) | **å svalne** | [ɔ 'svɑlnə] |
| afkoelen (koeler worden) | **å avkjøles** | [ɔ 'avˌçœləs] |
| smaak (de) | **smak** (m) | ['smɑk] |
| nasmaak (de) | **bismak** (m) | ['bismɑk] |
| volgen een dieet | **å være på diet** | [ɔ 'værə pɔ di'et] |
| dieet (het) | **diett** (m) | [di'et] |
| vitamine (de) | **vitamin** (n) | [vitɑ'min] |
| calorie (de) | **kalori** (m) | [kɑlʊ'ri] |
| vegetariër (de) | **vegetarianer** (m) | [vegetɑri'ɑnər] |
| vegetarisch (bn) | **vegetarisk** | [vege'tɑrisk] |
| vetten (mv.) | **fett** (n) | ['fɛt] |
| eiwitten (mv.) | **proteiner** (n pl) | [prɔte'inər] |
| koolhydraten (mv.) | **kullhydrater** (n pl) | ['kʉlhyˌdrɑtər] |
| snede (de) | **skive** (m/f) | ['ʂivə] |
| stuk (bijv. een ~ taart) | **stykke** (n) | ['stʏkə] |
| kruimel (de) | **smule** (m) | ['smʉlə] |

## 51. Bereide gerechten

| | | |
|---|---|---|
| gerecht (het) | **rett** (m) | ['rɛt] |
| keuken (bijv. Franse ~) | **kjøkken** (n) | ['çœkən] |
| recept (het) | **oppskrift** (m) | ['ɔpˌskrift] |
| portie (de) | **porsjon** (m) | [pɔ'ʂʊn] |
| salade (de) | **salat** (m) | [sɑ'lɑt] |
| soep (de) | **suppe** (m/f) | ['sʉpə] |
| bouillon (de) | **buljong** (m) | [bu'ljɔŋ] |
| boterham (de) | **smørbrød** (n) | ['smørˌbrø] |
| spiegelei (het) | **speilegg** (n) | ['spæjlˌɛg] |
| hamburger (de) | **hamburger** (m) | ['hɑmbʊrgər] |
| biefstuk (de) | **biff** (m) | ['bif] |
| garnering (de) | **tilbehør** (n) | ['tilbəˌhør] |

| | | |
|---|---|---|
| spaghetti (de) | **spagetti** (m) | [spa'gɛti] |
| aardappelpuree (de) | **potetmos** (m) | [pʊ'tetˌmʊs] |
| pizza (de) | **pizza** (m) | ['pitsa] |
| pap (de) | **grøt** (m) | ['grøt] |
| omelet (de) | **omelett** (m) | [ɔmə'let] |
| | | |
| gekookt (in water) | **kokt** | ['kʊkt] |
| gerookt (bn) | **røkt** | ['røkt] |
| gebakken (bn) | **stekt** | ['stɛkt] |
| gedroogd (bn) | **tørket** | ['tœrkət] |
| diepvries (bn) | **frossen, dypfryst** | ['frɔsən], ['dypˌfrʏst] |
| gemarineerd (bn) | **syltet** | ['sʏltət] |
| | | |
| zoet (bn) | **søt** | ['søt] |
| gezouten (bn) | **salt** | ['salt] |
| koud (bn) | **kald** | ['kal] |
| heet (bn) | **het, varm** | ['het], ['varm] |
| bitter (bn) | **bitter** | ['bitər] |
| lekker (bn) | **lekker** | ['lekər] |
| | | |
| koken (in kokend water) | **å koke** | [ɔ 'kʊkə] |
| bereiden (avondmaaltijd ~) | **å lage** | [ɔ 'lagə] |
| bakken (ww) | **å steke** | [ɔ 'stekə] |
| opwarmen (ww) | **å varme opp** | [ɔ 'varmə ɔp] |
| | | |
| zouten (ww) | **å salte** | [ɔ 'saltə] |
| peperen (ww) | **å pepre** | [ɔ 'pɛprə] |
| raspen (ww) | **å rive** | [ɔ 'rivə] |
| schil (de) | **skall** (n) | ['skal] |
| schillen (ww) | **å skrelle** | [ɔ 'skrɛlə] |

## 52. Voedsel

| | | |
|---|---|---|
| vlees (het) | **kjøtt** (n) | ['çœt] |
| kip (de) | **høne** (m/f) | ['hønə] |
| kuiken (het) | **kylling** (m) | ['çyliŋ] |
| eend (de) | **and** (m/f) | ['an] |
| gans (de) | **gås** (m/f) | ['gɔs] |
| wild (het) | **vilt** (n) | ['vilt] |
| kalkoen (de) | **kalkun** (m) | [kal'kʉn] |
| | | |
| varkensvlees (het) | **svinekjøtt** (n) | ['svinəˌçœt] |
| kalfsvlees (het) | **kalvekjøtt** (n) | ['kalvəˌçœt] |
| schapenvlees (het) | **fårekjøtt** (n) | ['fo:rəˌçœt] |
| rundvlees (het) | **oksekjøtt** (n) | ['ɔksəˌçœt] |
| konijnenvlees (het) | **kanin** (m) | [ka'nin] |
| | | |
| worst (de) | **pølse** (m/f) | ['pølsə] |
| saucijs (de) | **wienerpølse** (m/f) | ['vinərˌpølsə] |
| spek (het) | **bacon** (n) | ['bɛjkən] |
| ham (de) | **skinke** (m) | ['ʂinkə] |
| gerookte achterham (de) | **skinke** (m) | ['ʂinkə] |
| paté, pastei (de) | **pate, paté** (m) | [pa'te] |
| lever (de) | **lever** (m) | ['levər] |

| | | |
|---|---|---|
| gehakt (het) | **kjøttfarse** (m) | ['çœt,farʂə] |
| tong (de) | **tunge** (m/f) | ['tʉŋə] |
| | | |
| ei (het) | **egg** (n) | ['ɛg] |
| eieren (mv.) | **egg** (n pl) | ['ɛg] |
| eiwit (het) | **eggehvite** (m) | ['ɛgə,vitə] |
| eigeel (het) | **plomme** (m/f) | ['plʊmə] |
| | | |
| vis (de) | **fisk** (m) | ['fisk] |
| zeevruchten (mv.) | **sjømat** (m) | ['ʂø,mat] |
| schaaldieren (mv.) | **krepsdyr** (n pl) | ['krɛps,dyr] |
| kaviaar (de) | **kaviar** (m) | ['kavi,ar] |
| | | |
| krab (de) | **krabbe** (m) | ['krabə] |
| garnaal (de) | **reke** (m/f) | ['rekə] |
| oester (de) | **østers** (m) | ['østəʂ] |
| langoest (de) | **langust** (m) | [laŋ'gʉst] |
| octopus (de) | **blekksprut** (m) | ['blek,sprʉt] |
| inktvis (de) | **blekksprut** (m) | ['blek,sprʉt] |
| | | |
| steur (de) | **stør** (m) | ['stør] |
| zalm (de) | **laks** (m) | ['laks] |
| heilbot (de) | **kveite** (m/f) | ['kvæjtə] |
| | | |
| kabeljauw (de) | **torsk** (m) | ['tɔʂk] |
| makreel (de) | **makrell** (m) | [ma'krɛl] |
| tonijn (de) | **tunfisk** (m) | ['tʉn,fisk] |
| paling (de) | **ål** (m) | ['ɔl] |
| | | |
| forel (de) | **ørret** (m) | ['øret] |
| sardine (de) | **sardin** (m) | [sa:'ɖin] |
| snoek (de) | **gjedde** (m/f) | ['jɛdə] |
| haring (de) | **sild** (m/f) | ['sil] |
| | | |
| brood (het) | **brød** (n) | ['brø] |
| kaas (de) | **ost** (m) | ['ʊst] |
| suiker (de) | **sukker** (n) | ['sʉkər] |
| zout (het) | **salt** (n) | ['salt] |
| | | |
| rijst (de) | **ris** (m) | ['ris] |
| pasta (de) | **pasta, makaroni** (m) | ['pasta], [maka'rʊni] |
| noedels (mv.) | **nudler** (m pl) | ['nʉdlər] |
| | | |
| boter (de) | **smør** (n) | ['smør] |
| plantaardige olie (de) | **vegetabilsk olje** (m) | [vegeta'bilsk ,ɔljə] |
| zonnebloemolie (de) | **solsikkeolje** (m) | ['sʊlsikə,ɔlje] |
| margarine (de) | **margarin** (m) | [marga'rin] |
| | | |
| olijven (mv.) | **olivener** (m pl) | [ʊ'livenər] |
| olijfolie (de) | **olivenolje** (m) | [ʊ'livən,ɔljə] |
| | | |
| melk (de) | **melk** (m/f) | ['mɛlk] |
| gecondenseerde melk (de) | **kondensert melk** (m/f) | [kʊndən'se:ʈ ,mɛlk] |
| yoghurt (de) | **jogurt** (m) | ['jɔgʉ:ʈ] |
| zure room (de) | **rømme, syrnet fløte** (m) | ['rœmə], ['sy:ɳet 'fløtə] |
| room (de) | **fløte** (m) | ['fløtə] |

| | | |
|---|---|---|
| mayonaise (de) | **majones** (m) | [majɔ'nɛs] |
| crème (de) | **krem** (m) | ['krɛm] |
| graan (het) | **gryn** (n) | ['gryn] |
| meel (het), bloem (de) | **mel** (n) | ['mel] |
| conserven (mv.) | **hermetikk** (m) | [hɛrme'tik] |
| maïsvlokken (mv.) | **cornflakes** (m) | ['kɔ:ɳ,flejks] |
| honing (de) | **honning** (m) | ['hɔniŋ] |
| jam (de) | **syltetøy** (n) | ['syltə,tøj] |
| kauwgom (de) | **tyggegummi** (m) | ['tygə,gʉmi] |

## 53. Drankjes

| | | |
|---|---|---|
| water (het) | **vann** (n) | ['van] |
| drinkwater (het) | **drikkevann** (n) | ['drikə,van] |
| mineraalwater (het) | **mineralvann** (n) | [minə'ral,van] |
| zonder gas | **uten kullsyre** | ['ʉtən kʉl'syrə] |
| koolzuurhoudend (bn) | **kullsyret** | [kʉl'syrət] |
| bruisend (bn) | **med kullsyre** | [me kʉl'syrə] |
| IJs (het) | **is** (m) | ['is] |
| met ijs | **med is** | [me 'is] |
| alcohol vrij (bn) | **alkoholfri** | ['alkʊhʊl,fri] |
| alcohol vrije drank (de) | **alkoholfri drikk** (m) | ['alkʊhʊl,fri drik] |
| frisdrank (de) | **leskedrikk** (m) | ['leskə,drik] |
| limonade (de) | **limonade** (m) | [limɔ'nadə] |
| alcoholische dranken (mv.) | **rusdrikker** (m pl) | ['rʉs,drikər] |
| wijn (de) | **vin** (m) | ['vin] |
| witte wijn (de) | **hvitvin** (m) | ['vit,vin] |
| rode wijn (de) | **rødvin** (m) | ['rø,vin] |
| likeur (de) | **likør** (m) | [li'kør] |
| champagne (de) | **champagne** (m) | [ʂam'panjə] |
| vermout (de) | **vermut** (m) | ['værmʉt] |
| whisky (de) | **whisky** (m) | ['viski] |
| wodka (de) | **vodka** (m) | ['vɔdka] |
| gin (de) | **gin** (m) | ['dʒin] |
| cognac (de) | **konjakk** (m) | ['kʊnjak] |
| rum (de) | **rom** (m) | ['rʊm] |
| koffie (de) | **kaffe** (m) | ['kafə] |
| zwarte koffie (de) | **svart kaffe** (m) | ['sva:ʈ 'kafə] |
| koffie (de) met melk | **kaffe** (m) **med melk** | ['kafə me 'mɛlk] |
| cappuccino (de) | **cappuccino** (m) | [kapʊ'ʧinɔ] |
| oploskoffie (de) | **pulverkaffe** (m) | ['pʉlvər,kafə] |
| melk (de) | **melk** (m/f) | ['mɛlk] |
| cocktail (de) | **cocktail** (m) | ['kɔk,tɛjl] |
| milkshake (de) | **milkshake** (m) | ['milk,ʂɛjk] |
| sap (het) | **jus, juice** (m) | ['dʒʉs] |

| | | |
|---|---|---|
| tomatensap (het) | **tomatjuice** (m) | [tʊ'mat,dʒʉs] |
| sinaasappelsap (het) | **appelsinjuice** (m) | [apel'sin,dʒʉs] |
| vers geperst sap (het) | **nypresset juice** (m) | ['ny,prɛsə 'dʒʉs] |
| bier (het) | **øl** (m/n) | ['øl] |
| licht bier (het) | **lettøl** (n) | ['let,øl] |
| donker bier (het) | **mørkt øl** (n) | ['mœrkt,øl] |
| thee (de) | **te** (m) | ['te] |
| zwarte thee (de) | **svart te** (m) | ['sva:ʈ ,te] |
| groene thee (de) | **grønn te** (m) | ['grœn ,te] |

## 54. Groenten

| | | |
|---|---|---|
| groenten (mv.) | **grønnsaker** (m pl) | ['grœn,sakər] |
| verse kruiden (mv.) | **grønnsaker** (m pl) | ['grœn,sakər] |
| tomaat (de) | **tomat** (m) | [tʊ'mat] |
| augurk (de) | **agurk** (m) | [a'gʉrk] |
| wortel (de) | **gulrot** (m/f) | ['gʉl,rʊt] |
| aardappel (de) | **potet** (m/f) | [pʊ'tet] |
| ui (de) | **løk** (m) | ['løk] |
| knoflook (de) | **hvitløk** (m) | ['vit,løk] |
| kool (de) | **kål** (m) | ['kɔl] |
| bloemkool (de) | **blomkål** (m) | ['blɔm,kɔl] |
| spruitkool (de) | **rosenkål** (m) | ['rʊsən,kɔl] |
| broccoli (de) | **brokkoli** (m) | ['brɔkɔli] |
| rode biet (de) | **rødbete** (m/f) | ['rø,betə] |
| aubergine (de) | **aubergine** (m) | [ɔbɛr'ʂin] |
| courgette (de) | **squash** (m) | ['skvɔʂ] |
| pompoen (de) | **gresskar** (n) | ['grɛskar] |
| raap (de) | **nepe** (m/f) | ['nepə] |
| peterselie (de) | **persille** (m/f) | [pæ'ʂilə] |
| dille (de) | **dill** (m) | ['dil] |
| sla (de) | **salat** (m) | [sa'lat] |
| selderij (de) | **selleri** (m/n) | [sɛle,ri] |
| asperge (de) | **asparges** (m) | [a'sparʂəs] |
| spinazie (de) | **spinat** (m) | [spi'nat] |
| erwt (de) | **erter** (m pl) | ['æ:ʈər] |
| bonen (mv.) | **bønner** (m/f pl) | ['bœnər] |
| maïs (de) | **mais** (m) | ['mais] |
| boon (de) | **bønne** (m/f) | ['bœnə] |
| peper (de) | **pepper** (m) | ['pɛpər] |
| radijs (de) | **reddik** (m) | ['rɛdik] |
| artisjok (de) | **artisjokk** (m) | [,a:ʈi'ʂɔk] |

## 55. Vruchten. Noten

| | | |
|---|---|---|
| vrucht (de) | **frukt** (m/f) | ['frukt] |
| appel (de) | **eple** (n) | ['ɛplə] |
| peer (de) | **pære** (m/f) | ['pærə] |
| citroen (de) | **sitron** (m) | [si'trʊn] |
| sinaasappel (de) | **appelsin** (m) | [ɑpel'sin] |
| aardbei (de) | **jordbær** (n) | ['ju:rˌbær] |
| mandarijn (de) | **mandarin** (m) | [mɑndɑ'rin] |
| pruim (de) | **plomme** (m/f) | ['plʊmə] |
| perzik (de) | **fersken** (m) | ['fæʂkən] |
| abrikoos (de) | **aprikos** (m) | [ɑpri'kʊs] |
| framboos (de) | **bringebær** (n) | ['briŋəˌbær] |
| ananas (de) | **ananas** (m) | ['ɑnɑnɑs] |
| banaan (de) | **banan** (m) | [bɑ'nɑn] |
| watermeloen (de) | **vannmelon** (m) | ['vɑnmeˌlʊn] |
| druif (de) | **drue** (m) | ['drʉə] |
| zure kers (de) | **kirsebær** (n) | ['çiʂəˌbær] |
| zoete kers (de) | **morell** (m) | [mʊ'rɛl] |
| meloen (de) | **melon** (m) | [me'lun] |
| grapefruit (de) | **grapefrukt** (m/f) | ['grɛjpˌfrukt] |
| avocado (de) | **avokado** (m) | [ɑvɔ'kɑdɔ] |
| papaja (de) | **papaya** (m) | [pɑ'pɑjɑ] |
| mango (de) | **mango** (m) | ['mɑŋu] |
| granaatappel (de) | **granateple** (n) | [grɑ'nɑtˌɛplə] |
| rode bes (de) | **rips** (m) | ['rips] |
| zwarte bes (de) | **solbær** (n) | ['sʊlˌbær] |
| kruisbes (de) | **stikkelsbær** (n) | ['stikəlsˌbær] |
| bosbes (de) | **blåbær** (n) | ['blɔˌbær] |
| braambes (de) | **bjørnebær** (m) | ['bjœ:ɳəˌbær] |
| rozijn (de) | **rosin** (m) | [rʊ'sin] |
| vijg (de) | **fiken** (m) | ['fikən] |
| dadel (de) | **daddel** (m) | ['dɑdəl] |
| pinda (de) | **jordnøtt** (m) | ['ju:rˌnœt] |
| amandel (de) | **mandel** (m) | ['mɑndəl] |
| walnoot (de) | **valnøtt** (m/f) | ['vɑlˌnœt] |
| hazelnoot (de) | **hasselnøtt** (m/f) | ['hɑsəlˌnœt] |
| kokosnoot (de) | **kokosnøtt** (m/f) | ['kʊkʊsˌnœt] |
| pistaches (mv.) | **pistasier** (m pl) | [pi'stɑʂiər] |

## 56. Brood. Snoep

| | | |
|---|---|---|
| suikerbakkerij (de) | **bakevarer** (m/f pl) | ['bɑkəˌvɑrər] |
| brood (het) | **brød** (n) | ['brø] |
| koekje (het) | **kjeks** (m) | ['çɛks] |
| chocolade (de) | **sjokolade** (m) | [ʂʊkʊ'lɑdə] |
| chocolade- (abn) | **sjokolade-** | [ʂʊkʊ'lɑdə-] |

| | | |
|---|---|---|
| snoepje (het) | **sukkertøy** (n), **karamell** (m) | ['sʉkə:ˌtøj], [kara'mɛl] |
| cakeje (het) | **kake** (m/f) | ['kakə] |
| taart (bijv. verjaardags~) | **bløtkake** (m/f) | ['bløtˌkakə] |
| pastei (de) | **pai** (m) | ['paj] |
| vulling (de) | **fyll** (m/n) | ['fʏl] |
| confituur (de) | **syltetøy** (n) | ['syltəˌtøj] |
| marmelade (de) | **marmelade** (m) | [marme'ladə] |
| wafel (de) | **vaffel** (m) | ['vafəl] |
| IJsje (het) | **iskrem** (m) | ['iskrɛm] |
| pudding (de) | **pudding** (m) | ['pʉdiŋ] |

## 57. Kruiden

| | | |
|---|---|---|
| zout (het) | **salt** (n) | ['salt] |
| gezouten (bn) | **salt** | ['salt] |
| zouten (ww) | **å salte** | [ɔ 'saltə] |
| zwarte peper (de) | **svart pepper** (m) | ['sva:ʈ 'pɛpər] |
| rode peper (de) | **rød pepper** (m) | ['rø 'pɛpər] |
| mosterd (de) | **sennep** (m) | ['sɛnəp] |
| mierikswortel (de) | **pepperrot** (m/f) | ['pɛpərˌrʊt] |
| condiment (het) | **krydder** (n) | ['krʏdər] |
| specerij , kruiderij (de) | **krydder** (n) | ['krʏdər] |
| saus (de) | **saus** (m) | ['saʊs] |
| azijn (de) | **eddik** (m) | ['ɛdik] |
| anijs (de) | **anis** (m) | ['anis] |
| basilicum (de) | **basilik** (m) | [basi'lik] |
| kruidnagel (de) | **nellik** (m) | ['nɛlik] |
| gember (de) | **ingefær** (m) | ['iŋəˌfær] |
| koriander (de) | **koriander** (m) | [kʊri'andər] |
| kaneel (de/het) | **kanel** (m) | [ka'nel] |
| sesamzaad (het) | **sesam** (m) | ['sesam] |
| laurierblad (het) | **laurbærblad** (n) | ['laʊrbærˌbla] |
| paprika (de) | **paprika** (m) | ['paprika] |
| komijn (de) | **karve, kummin** (m) | ['karvə], ['kʉmin] |
| saffraan (de) | **safran** (m) | [sa'fran] |

# PERSOONLIJKE INFORMATIE. FAMILIE

## 58. Persoonlijke informatie. Formulieren

| | | |
|---|---|---|
| naam (de) | **navn** (n) | ['navn] |
| achternaam (de) | **etternavn** (n) | ['ɛtə,ɳavn] |
| geboortedatum (de) | **fødselsdato** (m) | ['føtsəls,datʊ] |
| geboorteplaats (de) | **fødested** (n) | ['fødə,sted] |
| nationaliteit (de) | **nasjonalitet** (m) | [naʂʊnali'tet] |
| woonplaats (de) | **bosted** (n) | ['bʊ,sted] |
| land (het) | **land** (n) | ['lan] |
| beroep (het) | **yrke** (n), **profesjon** (m) | ['yrkə], [prʊfe'ʂʊn] |
| geslacht (ov. het vrouwelijk ~) | **kjønn** (n) | ['çœn] |
| lengte (de) | **høyde** (m) | ['højdə] |
| gewicht (het) | **vekt** (m) | ['vɛkt] |

## 59. Familieleden. Verwanten

| | | |
|---|---|---|
| moeder (de) | **mor** (m/f) | ['mʊr] |
| vader (de) | **far** (m) | ['far] |
| zoon (de) | **sønn** (m) | ['sœn] |
| dochter (de) | **datter** (m/f) | ['datər] |
| jongste dochter (de) | **yngste datter** (m/f) | ['yŋstə 'datər] |
| jongste zoon (de) | **yngste sønn** (m) | ['yŋstə 'sœn] |
| oudste dochter (de) | **eldste datter** (m/f) | ['ɛlstə 'datər] |
| oudste zoon (de) | **eldste sønn** (m) | ['ɛlstə 'sœn] |
| broer (de) | **bror** (m) | ['brʊr] |
| oudere broer (de) | **eldre bror** (m) | ['ɛldrə ,brʊr] |
| jongere broer (de) | **lillebror** (m) | ['lilə,brʊr] |
| zuster (de) | **søster** (m/f) | ['søstər] |
| oudere zuster (de) | **eldre søster** (m/f) | ['ɛldrə ,søstər] |
| jongere zuster (de) | **lillesøster** (m/f) | ['lilə,søster] |
| neef (zoon van oom, tante) | **fetter** (m/f) | ['fɛtər] |
| nicht (dochter van oom, tante) | **kusine** (m) | [kʉ'sinə] |
| mama (de) | **mamma** (m) | ['mama] |
| papa (de) | **pappa** (m) | ['papa] |
| ouders (mv.) | **foreldre** (pl) | [fɔr'ɛldrə] |
| kind (het) | **barn** (n) | ['ba:ɳ] |
| kinderen (mv.) | **barn** (n pl) | ['ba:ɳ] |
| oma (de) | **bestemor** (m) | ['bɛstə,mʊr] |
| opa (de) | **bestefar** (m) | ['bɛstə,far] |

| | | |
|---|---|---|
| kleinzoon (de) | **barnebarn** (n) | ['ba:ɳə,ba:ɳ] |
| kleindochter (de) | **barnebarn** (n) | ['ba:ɳə,ba:ɳ] |
| kleinkinderen (mv.) | **barnebarn** (n pl) | ['ba:ɳə,ba:ɳ] |
| oom (de) | **onkel** (m) | ['ʊnkəl] |
| tante (de) | **tante** (m/f) | ['tantə] |
| neef (zoon van broer, zus) | **nevø** (m) | [ne'vø] |
| nicht (dochter van broer ,zus) | **niese** (m/f) | [ni'esə] |
| schoonmoeder (de) | **svigermor** (m/f) | ['svigər,mʊr] |
| schoonvader (de) | **svigerfar** (m) | ['svigər,far] |
| schoonzoon (de) | **svigersønn** (m) | ['svigər,sœn] |
| stiefmoeder (de) | **stemor** (m/f) | ['ste,mʊr] |
| stiefvader (de) | **stefar** (m) | ['ste,far] |
| zuigeling (de) | **brystbarn** (n) | ['brʏst,ba:ɳ] |
| wiegenkind (het) | **spedbarn** (n) | ['spe,ba:ɳ] |
| kleuter (de) | **lite barn** (n) | ['litə 'ba:ɳ] |
| vrouw (de) | **kone** (m/f) | ['kʊnə] |
| man (de) | **mann** (m) | ['man] |
| echtgenoot (de) | **ektemann** (m) | ['ɛktə,man] |
| echtgenote (de) | **hustru** (m) | ['hʉstrʉ] |
| gehuwd (mann.) | **gift** | ['jift] |
| gehuwd (vrouw.) | **gift** | ['jift] |
| ongehuwd (mann.) | **ugift** | [ʉ:'jift] |
| vrijgezel (de) | **ungkar** (m) | ['ʉŋ,kar] |
| gescheiden (bn) | **fraskilt** | ['fra,ʂilt] |
| weduwe (de) | **enke** (m) | ['ɛnkə] |
| weduwnaar (de) | **enkemann** (m) | ['ɛnkə,man] |
| familielid (het) | **slektning** (m) | ['ʂlektniŋ] |
| dichte familielid (het) | **nær slektning** (m) | ['nær 'slektniŋ] |
| verre familielid (het) | **fjern slektning** (m) | ['fjæ:ɳ 'slektniŋ] |
| familieleden (mv.) | **slektninger** (m pl) | ['ʂlektniŋər] |
| wees (de), weeskind (het) | **foreldreløst barn** (n) | [fɔr'ɛldrəløst ,ba:ɳ] |
| voogd (de) | **formynder** (m) | ['fɔr,mʏnər] |
| adopteren (een jongen te ~) | **å adoptere** | [ɔ adɔp'terə] |
| adopteren (een meisje te ~) | **å adoptere** | [ɔ adɔp'terə] |

## 60. Vrienden. Collega's

| | | |
|---|---|---|
| vriend (de) | **venn** (m) | ['vɛn] |
| vriendin (de) | **venninne** (m/f) | [vɛ'ninə] |
| vriendschap (de) | **vennskap** (n) | ['vɛn,skap] |
| bevriend zijn (ww) | **å være venner** | [ɔ 'værə 'vɛnər] |
| makker (de) | **venn** (m) | ['vɛn] |
| vriendin (de) | **venninne** (m/f) | [vɛ'ninə] |
| partner (de) | **partner** (m) | ['pa:ʈnər] |
| chef (de) | **sjef** (m) | ['ʂɛf] |
| baas (de) | **overordnet** (m) | ['ɔvər,ɔrdnet] |

| | | |
|---|---|---|
| eigenaar (de) | **eier** (m) | ['æjər] |
| ondergeschikte (de) | **underordnet** (m) | ['ʉnər,ɔrdnet] |
| collega (de) | **kollega** (m) | [kʊ'legɑ] |
| | | |
| kennis (de) | **bekjent** (m) | [be'çɛnt] |
| medereiziger (de) | **medpassasjer** (m) | ['me,pɑsɑ'ʂɛr] |
| klasgenoot (de) | **klassekamerat** (m) | ['klɑsə,kɑmə'rɑ:t] |
| | | |
| buurman (de) | **nabo** (m) | ['nɑbʊ] |
| buurvrouw (de) | **nabo** (m) | ['nɑbʊ] |
| buren (mv.) | **naboer** (m pl) | ['nɑbʊər] |

# MENSELIJK LICHAAM. GENEESKUNDE

## 61. Hoofd

| | | |
|---|---|---|
| hoofd (het) | **hode** (n) | ['hʊdə] |
| gezicht (het) | **ansikt** (n) | ['ɑnsikt] |
| neus (de) | **nese** (m/f) | ['nese] |
| mond (de) | **munn** (m) | ['mʉn] |
| oog (het) | **øye** (n) | ['øjə] |
| ogen (mv.) | **øyne** (n pl) | ['øjnə] |
| pupil (de) | **pupill** (m) | [pʉ'pil] |
| wenkbrauw (de) | **øyenbryn** (n) | ['øjən,bryn] |
| wimper (de) | **øyenvipp** (m) | ['øjən,vip] |
| ooglid (het) | **øyelokk** (m) | ['øjə,lɔk] |
| tong (de) | **tunge** (m/f) | ['tʉŋə] |
| tand (de) | **tann** (m/f) | ['tɑn] |
| lippen (mv.) | **lepper** (m/f pl) | ['lepər] |
| jukbeenderen (mv.) | **kinnbein** (n pl) | ['çin,bæjn] |
| tandvlees (het) | **tannkjøtt** (n) | ['tɑn,çœt] |
| gehemelte (het) | **gane** (m) | ['gɑnə] |
| neusgaten (mv.) | **nesebor** (n pl) | ['nesə,bʊr] |
| kin (de) | **hake** (m/f) | ['hɑkə] |
| kaak (de) | **kjeve** (m) | ['çɛvə] |
| wang (de) | **kinn** (n) | ['çin] |
| voorhoofd (het) | **panne** (m/f) | ['pɑnə] |
| slaap (de) | **tinning** (m) | ['tiniŋ] |
| oor (het) | **øre** (n) | ['ørə] |
| achterhoofd (het) | **bakhode** (n) | ['bɑk,hɔdə] |
| hals (de) | **hals** (m) | ['hɑls] |
| keel (de) | **strupe, hals** (m) | ['strʉpə], ['hɑls] |
| haren (mv.) | **hår** (n pl) | ['hɔr] |
| kapsel (het) | **frisyre** (m) | [fri'syrə] |
| haarsnit (de) | **hårfasong** (m) | ['ho:rfɑ,sɔŋ] |
| pruik (de) | **parykk** (m) | [pɑ'rʏk] |
| snor (de) | **mustasje** (m) | [mʉ'stɑʂə] |
| baard (de) | **skjegg** (n) | ['ʂɛg] |
| dragen (een baard, enz.) | **å ha** | [ɔ 'hɑ] |
| vlecht (de) | **flette** (m/f) | ['fletə] |
| bakkebaarden (mv.) | **bakkenbarter** (pl) | ['bɑkən,bɑ:ʈər] |
| ros (roodachtig, rossig) | **rødhåret** | ['rø,ho:rət] |
| grijs (~ haar) | **grå** | ['grɔ] |
| kaal (bn) | **skallet** | ['skɑlət] |
| kale plek (de) | **skallet flekk** (m) | ['skɑlət ,flek] |

| | | |
|---|---|---|
| paardenstaart (de) | **hestehale** (m) | ['hɛstə,halə] |
| pony (de) | **pannelugg** (m) | ['panə,lʉg] |

## 62. Menselijk lichaam

| | | |
|---|---|---|
| hand (de) | **hånd** (m/f) | ['hɔn] |
| arm (de) | **arm** (m) | ['ɑrm] |
| vinger (de) | **finger** (m) | ['fiŋər] |
| teen (de) | **tå** (m/f) | ['tɔ] |
| duim (de) | **tommel** (m) | ['tɔməl] |
| pink (de) | **lillefinger** (m) | ['lilə,fiŋər] |
| nagel (de) | **negl** (m) | ['nɛjl] |
| vuist (de) | **knyttneve** (m) | ['knʏt,nevə] |
| handpalm (de) | **håndflate** (m/f) | ['hɔn,flɑtə] |
| pols (de) | **håndledd** (n) | ['hɔn,led] |
| voorarm (de) | **underarm** (m) | ['ʉnər,ɑrm] |
| elleboog (de) | **albue** (m) | ['ɑl,bʉə] |
| schouder (de) | **skulder** (m) | ['skʉldər] |
| been (rechter ~) | **bein** (n) | ['bæjn] |
| voet (de) | **fot** (m) | ['fʊt] |
| knie (de) | **kne** (n) | ['knɛ] |
| kuit (de) | **legg** (m) | ['leg] |
| heup (de) | **hofte** (m) | ['hɔftə] |
| hiel (de) | **hæl** (m) | ['hæl] |
| lichaam (het) | **kropp** (m) | ['krɔp] |
| buik (de) | **mage** (m) | ['mɑgə] |
| borst (de) | **bryst** (n) | ['brʏst] |
| borst (de) | **bryst** (n) | ['brʏst] |
| zijde (de) | **side** (m/f) | ['sidə] |
| rug (de) | **rygg** (m) | ['rʏg] |
| lage rug (de) | **korsrygg** (m) | ['kɔːʂ,rʏg] |
| taille (de) | **liv** (n), **midje** (m/f) | ['liv], ['midjə] |
| navel (de) | **navle** (m) | ['nɑvlə] |
| billen (mv.) | **rumpeballer** (m pl) | ['rʉmpə,bɑlər] |
| achterwerk (het) | **bak** (m) | ['bɑk] |
| huidvlek (de) | **føflekk** (m) | ['fø,flek] |
| moedervlek (de) | **fødselsmerke** (n) | ['føtsəls,mærke] |
| tatoeage (de) | **tatovering** (m/f) | [tɑtʊ'vɛriŋ] |
| litteken (het) | **arr** (n) | ['ɑr] |

## 63. Ziekten

| | | |
|---|---|---|
| ziekte (de) | **sykdom** (m) | ['sʏk,dɔm] |
| ziek zijn (ww) | **å være syk** | [ɔ 'værə 'syk] |
| gezondheid (de) | **helse** (m/f) | ['hɛlsə] |
| snotneus (de) | **snue** (m) | ['snʉə] |

| | | |
|---|---|---|
| angina (de) | **angina** (m) | [an'gina] |
| verkoudheid (de) | **forkjølelse** (m) | [fɔr'çœləlsə] |
| verkouden raken (ww) | **å forkjøle seg** | [ɔ fɔr'çœlə sæj] |
| bronchitis (de) | **bronkitt** (m) | [brɔn'kit] |
| longontsteking (de) | **lungebetennelse** (m) | ['lʉŋə be'tɛnəlsə] |
| griep (de) | **influensa** (m) | [inflʉ'ɛnsa] |
| bijziend (bn) | **nærsynt** | ['næ̩ʂʏnt] |
| verziend (bn) | **langsynt** | ['laŋsʏnt] |
| scheelheid (de) | **skjeløydhet** (m) | ['ʂɛløjd̩het] |
| scheel (bn) | **skjeløyd** | ['ʂɛl̩øjd] |
| grauwe staar (de) | **grå stær, katarakt** (m) | ['grɔ ̩stær], [kata'rakt] |
| glaucoom (het) | **glaukom** (n) | [glaʊ'kɔm] |
| beroerte (de) | **hjerneslag** (n) | ['jæ:ɳə̩slag] |
| hartinfarct (het) | **infarkt** (n) | [in'farkt] |
| myocardiaal infarct (het) | **myokardieinfarkt** (n) | ['miɔ'kardiə in'farkt] |
| verlamming (de) | **paralyse, lammelse** (m) | ['para'lyse], ['laməlsə] |
| verlammen (ww) | **å lamme** | [ɔ 'lamə] |
| allergie (de) | **allergi** (m) | [alæ:'gi] |
| astma (de/het) | **astma** (m) | ['astma] |
| diabetes (de) | **diabetes** (m) | [dia'betəs] |
| tandpijn (de) | **tannpine** (m/f) | ['tan̩pinə] |
| tandbederf (het) | **karies** (m) | ['karies] |
| diarree (de) | **diaré** (m) | [dia'rɛ] |
| constipatie (de) | **forstoppelse** (m) | [fɔ'ʂtɔpəlsə] |
| maagstoornis (de) | **magebesvær** (m) | ['magə̩be'svær] |
| voedselvergiftiging (de) | **matforgiftning** (m/f) | ['mat̩fɔr'jiftniŋ] |
| voedselvergiftiging oplopen | **å få matforgiftning** | [ɔ 'fɔ mat̩fɔr'jiftniŋ] |
| artritis (de) | **artritt** (m) | [ɑ:ʈ'rit] |
| rachitis (de) | **rakitt** (m) | [ra'kit] |
| reuma (het) | **revmatisme** (m) | [revma'tismə] |
| arteriosclerose (de) | **arteriosklerose** (m) | [ɑ:'ʈeriʊskle̩rʊsə] |
| gastritis (de) | **magekatarr, gastritt** (m) | ['magəka̩tar], [̩ga'strit] |
| blindedarmontsteking (de) | **appendisitt** (m) | [apɛndi'sit] |
| galblaasontsteking (de) | **galleblærebetennelse** (m) | ['galə̩blærə be'tɛnəlse] |
| zweer (de) | **magesår** (n) | ['magə̩sɔr] |
| mazelen (mv.) | **meslinger** (m pl) | ['mɛs̩liŋər] |
| rodehond (de) | **røde hunder** (m pl) | ['rødə 'hʉnər] |
| geelzucht (de) | **gulsott** (m/f) | ['gʉl̩sʊt] |
| leverontsteking (de) | **hepatitt** (m) | [hepa'tit] |
| schizofrenie (de) | **schizofreni** (m) | [ʂisʊfre'ni] |
| dolheid (de) | **rabies** (m) | ['rabiəs] |
| neurose (de) | **nevrose** (m) | [nev'rʊsə] |
| hersenschudding (de) | **hjernerystelse** (m) | ['jæ:ɳə̩rʏstəlsə] |
| kanker (de) | **kreft, cancer** (m) | ['krɛft], ['kansər] |
| sclerose (de) | **sklerose** (m) | [skle'rʊsə] |

| | | |
|---|---|---|
| multiple sclerose (de) | **multippel sklerose** (m) | [mʉl'tipəl skle'rʊsə] |
| alcoholisme (het) | **alkoholisme** (m) | [alkʊhʊ'lismə] |
| alcoholicus (de) | **alkoholiker** (m) | [alkʊ'hʊlikər] |
| syfilis (de) | **syfilis** (m) | ['syfilis] |
| AIDS (de) | **AIDS, aids** (m) | ['ɛjds] |
| tumor (de) | **svulst, tumor** (m) | ['svʉlst], [tʉ'mʊr] |
| kwaadaardig (bn) | **ondartet, malign** | ['ʊnˌɑːʈət], [mɑ'lign] |
| goedaardig (bn) | **godartet** | ['gʊˌɑːʈət] |
| koorts (de) | **feber** (m) | ['febər] |
| malaria (de) | **malaria** (m) | [mɑ'lɑriɑ] |
| gangreen (het) | **koldbrann** (m) | ['kɔlbrɑn] |
| zeeziekte (de) | **sjøsyke** (m) | ['ʂøˌsykə] |
| epilepsie (de) | **epilepsi** (m) | [ɛpilep'si] |
| epidemie (de) | **epidemi** (m) | [ɛpide'mi] |
| tyfus (de) | **tyfus** (m) | ['tyfʉs] |
| tuberculose (de) | **tuberkulose** (m) | [tubærkʉ'lɔsə] |
| cholera (de) | **kolera** (m) | ['kʊlerɑ] |
| pest (de) | **pest** (m) | ['pɛst] |

## 64. Symptomen. Behandelingen. Deel 1

| | | |
|---|---|---|
| symptoom (het) | **symptom** (n) | [sʏmp'tʊm] |
| temperatuur (de) | **temperatur** (m) | [tɛmpərɑ'tʉr] |
| verhoogde temperatuur (de) | **høy temperatur** (m) | ['høj tɛmpərɑ'tʉr] |
| polsslag (de) | **puls** (m) | ['pʉls] |
| duizeling (de) | **svimmelhet** (m) | ['sviməlˌhet] |
| heet (erg warm) | **varm** | ['vɑrm] |
| koude rillingen (mv.) | **skjelving** (m/f) | ['ʂɛlviŋ] |
| bleek (bn) | **blek** | ['blek] |
| hoest (de) | **hoste** (m) | ['hʊstə] |
| hoesten (ww) | **å hoste** | [ɔ 'hʊstə] |
| niezen (ww) | **å nyse** | [ɔ 'nysə] |
| flauwte (de) | **besvimelse** (m) | [bɛ'sviməlsə] |
| flauwvallen (ww) | **å besvime** | [ɔ be'svimə] |
| blauwe plek (de) | **blåmerke** (n) | ['blɔˌmærkə] |
| buil (de) | **bule** (m) | ['bʉlə] |
| zich stoten (ww) | **å slå seg** | [ɔ 'ʂlɔ sæj] |
| kneuzing (de) | **blåmerke** (n) | ['blɔˌmærkə] |
| kneuzen (gekneusd zijn) | **å slå seg** | [ɔ 'ʂlɔ sæj] |
| hinken (ww) | **å halte** | [ɔ 'hɑltə] |
| verstuiking (de) | **forvridning** (m) | [fɔr'vridniŋ] |
| verstuiken (enkel, enz.) | **å forvri** | [ɔ fɔr'vri] |
| breuk (de) | **brudd** (n), **fraktur** (m) | ['brʉd], [frɑk'tʉr] |
| een breuk oplopen | **å få brudd** | [ɔ 'fɔ 'brʉd] |
| snijwond (de) | **skjæresår** (n) | ['ʂæːrəˌsɔr] |
| zich snijden (ww) | **å skjære seg** | [ɔ 'ʂæːrə sæj] |

| | | |
|---|---|---|
| bloeding (de) | **blødning** (m/f) | ['blødniŋ] |
| brandwond (de) | **brannsår** (n) | ['bran,sɔr] |
| zich branden (ww) | **å brenne seg** | [ɔ 'brɛnə sæj] |
| prikken (ww) | **å stikke** | [ɔ 'stikə] |
| zich prikken (ww) | **å stikke seg** | [ɔ 'stikə sæj] |
| blesseren (ww) | **å skade** | [ɔ 'skadə] |
| blessure (letsel) | **skade** (n) | ['skadə] |
| wond (de) | **sår** (n) | ['sɔr] |
| trauma (het) | **traume** (m) | ['traʊmə] |
| IJlen (ww) | **å snakke i villelse** | [ɔ 'snakə i 'viləlsə] |
| stotteren (ww) | **å stamme** | [ɔ 'stamə] |
| zonnesteek (de) | **solstikk** (n) | ['sʊl,stik] |

## 65. Symptomen. Behandelingen. Deel 2

| | | |
|---|---|---|
| pijn (de) | **smerte** (m) | ['smæ:ʈə] |
| splinter (de) | **flis** (m/f) | ['flis] |
| zweet (het) | **svette** (m) | ['svɛtə] |
| zweten (ww) | **å svette** | [ɔ 'svɛtə] |
| braking (de) | **oppkast** (n) | ['ɔp,kast] |
| stuiptrekkingen (mv.) | **kramper** (m pl) | ['krampər] |
| zwanger (bn) | **gravid** | [gra'vid] |
| geboren worden (ww) | **å fødes** | [ɔ 'fødə] |
| geboorte (de) | **fødsel** (m) | ['føtsəl] |
| baren (ww) | **å føde** | [ɔ 'fødə] |
| abortus (de) | **abort** (m) | [a'bɔ:ʈ] |
| ademhaling (de) | **åndedrett** (n) | ['ɔŋdə,drɛt] |
| inademing (de) | **innånding** (m/f) | ['in,ɔniŋ] |
| uitademing (de) | **utånding** (m/f) | ['ʉt,ɔndiŋ] |
| uitademen (ww) | **å puste ut** | [ɔ 'pʉstə ʉt] |
| inademen (ww) | **å ånde inn** | [ɔ 'ɔŋdə ,in] |
| invalide (de) | **handikappet person** (m) | ['handi,kapət pæ'ʂʊn] |
| gehandicapte (de) | **krøpling** (m) | ['krøpliŋ] |
| drugsverslaafde (de) | **narkoman** (m) | [narkʊ'man] |
| doof (bn) | **døv** | ['døv] |
| stom (bn) | **stum** | ['stʉm] |
| doofstom (bn) | **døvstum** | ['døf,stʉm] |
| krankzinnig (bn) | **gal** | ['gal] |
| krankzinnige (man) | **gal mann** (m) | ['gal ,man] |
| krankzinnige (vrouw) | **gal kvinne** (m/f) | ['gal ,kvinə] |
| krankzinnig worden | **å bli sinnssyk** | [ɔ 'bli 'sin,syk] |
| gen (het) | **gen** (m) | ['gen] |
| immuniteit (de) | **immunitet** (m) | [imʉni'tet] |
| erfelijk (bn) | **arvelig** | ['arvəli] |
| aangeboren (bn) | **medfødt** | ['me:,føt] |

| | | |
|---|---|---|
| virus (het) | **virus** (m) | ['virʉs] |
| microbe (de) | **mikrobe** (m) | [mi'krʊbə] |
| bacterie (de) | **bakterie** (m) | [bɑk'teriə] |
| infectie (de) | **infeksjon** (m) | [infɛk'ʂʊn] |

## 66. Symptomen. Behandelingen. Deel 3

| | | |
|---|---|---|
| ziekenhuis (het) | **sykehus** (n) | ['sykəˌhʉs] |
| patiënt (de) | **pasient** (m) | [pɑsi'ɛnt] |
| diagnose (de) | **diagnose** (m) | [diɑ'gnʊsə] |
| genezing (de) | **kur** (m) | ['kʉr] |
| medische behandeling (de) | **behandling** (m/f) | [be'hɑndliŋ] |
| onder behandeling zijn | **å bli behandlet** | [ɔ 'bli be'hɑndlət] |
| behandelen (ww) | **å behandle** | [ɔ be'hɑndlə] |
| zorgen (zieken ~) | **å skjøtte** | [ɔ 'ʂøtə] |
| ziekenzorg (de) | **sykepleie** (m/f) | ['sykəˌplæjə] |
| operatie (de) | **operasjon** (m) | [ɔpərɑ'ʂʊn] |
| verbinden (een arm ~) | **å forbinde** | [ɔ fɔr'binə] |
| verband (het) | **forbinding** (m) | [fɔr'biniŋ] |
| vaccin (het) | **vaksinering** (m/f) | [vɑksi'neriŋ] |
| inenten (vaccineren) | **å vaksinere** | [ɔ vɑksi'nerə] |
| injectie (de) | **injeksjon** (m), **sprøyte** (m/f) | [injɛk'ʂʊn], ['sprøjtə] |
| een injectie geven | **å gi en sprøyte** | [ɔ 'ji en 'sprøjtə] |
| aanval (de) | **anfall** (n) | ['ɑnˌfɑl] |
| amputatie (de) | **amputasjon** (m) | [ɑmpʉtɑ'ʂʊn] |
| amputeren (ww) | **å amputere** | [ɔ ɑmpʉ'terə] |
| coma (het) | **koma** (m) | ['kʊmɑ] |
| in coma liggen | **å ligge i koma** | [ɔ 'ligə i 'kʊmɑ] |
| intensieve zorg, ICU (de) | **intensivavdeling** (m/f) | ['intenˌsiv 'ɑvˌdeliŋ] |
| zich herstellen (ww) | **å bli frisk** | [ɔ 'bli 'frisk] |
| toestand (de) | **tilstand** (m) | ['tilˌstɑn] |
| bewustzijn (het) | **bevissthet** (m) | [be'vistˌhet] |
| geheugen (het) | **minne** (n), **hukommelse** (m) | ['minə], [hʉ'kɔməlsə] |
| trekken (een kies ~) | **å trekke ut** | [ɔ 'trɛkə ʉt] |
| vulling (de) | **fylling** (m/f) | ['fʏliŋ] |
| vullen (ww) | **å plombere** | [ɔ plʊm'berə] |
| hypnose (de) | **hypnose** (m) | [hʏp'nʊsə] |
| hypnotiseren (ww) | **å hypnotisere** | [ɔ hʏpnʊti'serə] |

## 67. Geneeskunde. Medicijnen. Accessoires

| | | |
|---|---|---|
| geneesmiddel (het) | **medisin** (m) | [medi'sin] |
| middel (het) | **middel** (n) | ['midəl] |
| voorschrijven (ww) | **å ordinere** | [ɔ ɔrdi'nerə] |
| recept (het) | **resept** (m) | [re'sɛpt] |

| | | |
|---|---|---|
| tablet (de/het) | **tablett** (m) | [tab'let] |
| zalf (de) | **salve** (m/f) | ['salvə] |
| ampul (de) | **ampulle** (m) | [am'pʉlə] |
| drank (de) | **mikstur** (m) | [miks'tʉr] |
| siroop (de) | **sirup** (m) | ['sirʉp] |
| pil (de) | **pille** (m/f) | ['pilə] |
| poeder (de/het) | **pulver** (n) | ['pʉlvər] |
| verband (het) | **gasbind** (n) | ['gas͵bin] |
| watten (mv.) | **vatt** (m/n) | ['vat] |
| jodium (het) | **jod** (m/n) | ['ʉd] |
| pleister (de) | **plaster** (n) | ['plastər] |
| pipet (de) | **pipette** (m) | [pi'pɛtə] |
| thermometer (de) | **termometer** (n) | [tɛrmʊ'metər] |
| spuit (de) | **sprøyte** (m/f) | ['sprøjtə] |
| rolstoel (de) | **rullestol** (m) | ['rʉlə͵stʊl] |
| krukken (mv.) | **krykker** (m/f pl) | ['krʏkər] |
| pijnstiller (de) | **smertestillende middel** (n) | ['smæ:ʈə͵stilenə 'midəl] |
| laxeermiddel (het) | **laksativ** (n) | [laksa'tiv] |
| spiritus (de) | **sprit** (m) | ['sprit] |
| medicinale kruiden (mv.) | **legeurter** (m/f pl) | ['legə͵ʉ:ʈər] |
| kruiden- (abn) | **urte-** | ['ʉ:ʈə-] |

# APPARTEMENT

## 68. Appartement

| | | |
|---|---|---|
| appartement (het) | **leilighet** (m/f) | ['læjli,het] |
| kamer (de) | **rom** (n) | ['rʊm] |
| slaapkamer (de) | **soverom** (n) | ['sɔvə,rʊm] |
| eetkamer (de) | **spisestue** (m/f) | ['spisə,stʉə] |
| salon (de) | **dagligstue** (m/f) | ['dɑgli,stʉə] |
| studeerkamer (de) | **arbeidsrom** (n) | ['ɑrbæjds,rʊm] |
| gang (de) | **entré** (m) | [ɑn'trɛ:] |
| badkamer (de) | **bad, baderom** (n) | ['bɑd], ['bɑdə,rʊm] |
| toilet (het) | **toalett, WC** (n) | [tʊɑ'let], [vɛ'sɛ] |
| plafond (het) | **tak** (n) | ['tɑk] |
| vloer (de) | **gulv** (n) | ['gʉlv] |
| hoek (de) | **hjørne** (n) | ['jœ:ɳə] |

## 69. Meubels. Interieur

| | | |
|---|---|---|
| meubels (mv.) | **møbler** (n pl) | ['møblər] |
| tafel (de) | **bord** (n) | ['bʊr] |
| stoel (de) | **stol** (m) | ['stʊl] |
| bed (het) | **seng** (m/f) | ['sɛŋ] |
| bankstel (het) | **sofa** (m) | ['sʊfɑ] |
| fauteuil (de) | **lenestol** (m) | ['lenə,stʊl] |
| boekenkast (de) | **bokskap** (n) | ['bʊk,skɑp] |
| boekenrek (het) | **hylle** (m/f) | ['hʏlə] |
| kledingkast (de) | **klesskap** (n) | ['kle,skɑp] |
| kapstok (de) | **knaggbrett** (n) | ['knɑg,brɛt] |
| staande kapstok (de) | **stumtjener** (m) | ['stʉm,tjenər] |
| commode (de) | **kommode** (m) | [kʊ'mʊdə] |
| salontafeltje (het) | **kaffebord** (n) | ['kɑfə,bʊr] |
| spiegel (de) | **speil** (n) | ['spæjl] |
| tapijt (het) | **teppe** (n) | ['tɛpə] |
| tapijtje (het) | **lite teppe** (n) | ['litə 'tɛpə] |
| haard (de) | **peis** (m), **ildsted** (n) | ['pæjs], ['ilsted] |
| kaars (de) | **lys** (n) | ['lys] |
| kandelaar (de) | **lysestake** (m) | ['lysə,stɑkə] |
| gordijnen (mv.) | **gardiner** (m/f pl) | [gɑ:'ɖinər] |
| behang (het) | **tapet** (n) | [tɑ'pet] |

| | | |
|---|---|---|
| jaloezie (de) | **persienne** (m) | [pæṣi'enə] |
| bureaulamp (de) | **bordlampe** (m/f) | ['bʊrˌlɑmpə] |
| wandlamp (de) | **vegglampe** (m/f) | ['vɛgˌlɑmpə] |
| staande lamp (de) | **gulvlampe** (m/f) | ['gʉlvˌlɑmpə] |
| luchter (de) | **lysekrone** (m/f) | ['lysəˌkrʊnə] |
| poot (ov. een tafel, enz.) | **bein** (n) | ['bæjn] |
| armleuning (de) | **armlene** (n) | ['ɑrmˌlenə] |
| rugleuning (de) | **rygg** (m) | ['rʏg] |
| la (de) | **skuff** (m) | ['skʉf] |

## 70. Beddengoed

| | | |
|---|---|---|
| beddengoed (het) | **sengetøy** (n) | ['sɛŋəˌtøj] |
| kussen (het) | **pute** (m/f) | ['pʉtə] |
| kussenovertrek (de) | **putevar, putetrekk** (n) | ['pʉtəˌvɑr], ['pʉtəˌtrɛk] |
| deken (de) | **dyne** (m/f) | ['dynə] |
| laken (het) | **laken** (n) | ['lɑkən] |
| sprei (de) | **sengeteppe** (n) | ['sɛŋəˌtɛpə] |

## 71. Keuken

| | | |
|---|---|---|
| keuken (de) | **kjøkken** (n) | ['çœkən] |
| gas (het) | **gass** (m) | ['gɑs] |
| gasfornuis (het) | **gasskomfyr** (m) | ['gɑs kɔmˌfyr] |
| elektrisch fornuis (het) | **elektrisk komfyr** (m) | [ɛ'lektrisk kɔmˌfyr] |
| oven (de) | **bakeovn** (m) | ['bɑkəˌɔvn] |
| magnetronoven (de) | **mikrobølgeovn** (m) | ['mikrʊˌbølgə'ɔvn] |
| koelkast (de) | **kjøleskap** (n) | ['çœləˌskɑp] |
| diepvriezer (de) | **fryser** (m) | ['frysər] |
| vaatwasmachine (de) | **oppvaskmaskin** (m) | ['ɔpvɑsk mɑˌṣin] |
| vleesmolen (de) | **kjøttkvern** (m/f) | ['çœtˌkvɛːn] |
| vruchtenpers (de) | **juicepresse** (m/f) | ['dʒʉsˌprɛsə] |
| toaster (de) | **brødrister** (m) | ['brøˌristər] |
| mixer (de) | **mikser** (m) | ['miksər] |
| koffiemachine (de) | **kaffetrakter** (m) | ['kɑfəˌtrɑktər] |
| koffiepot (de) | **kaffekanne** (m/f) | ['kɑfəˌkɑnə] |
| koffiemolen (de) | **kaffekvern** (m/f) | ['kɑfəˌkvɛːn] |
| fluitketel (de) | **tekjele** (m) | ['teˌçelə] |
| theepot (de) | **tekanne** (m/f) | ['teˌkɑnə] |
| deksel (de/het) | **lokk** (n) | ['lɔk] |
| theezeefje (het) | **tesil** (m) | ['teˌsil] |
| lepel (de) | **skje** (m) | ['ṣe] |
| theelepeltje (het) | **teskje** (m) | ['teˌṣe] |
| eetlepel (de) | **spiseskje** (m) | ['spisəˌṣɛ] |
| vork (de) | **gaffel** (m) | ['gɑfəl] |
| mes (het) | **kniv** (m) | ['kniv] |

| | | |
|---|---|---|
| vaatwerk (het) | **servise** (n) | [sær'visə] |
| bord (het) | **tallerken** (m) | [tɑ'lærkən] |
| schoteltje (het) | **tefat** (n) | ['te,fɑt] |
| likeurglas (het) | **shotglass** (n) | ['ʂɔt,glɑs] |
| glas (het) | **glass** (n) | ['glɑs] |
| kopje (het) | **kopp** (m) | ['kɔp] |
| suikerpot (de) | **sukkerskål** (m/f) | ['sʉkər,skɔl] |
| zoutvat (het) | **saltbøsse** (m/f) | ['sɑlt,bøsə] |
| pepervat (het) | **pepperbøsse** (m/f) | ['pɛpər,bøsə] |
| boterschaaltje (het) | **smørkopp** (m) | ['smœr,kɔp] |
| steelpan (de) | **gryte** (m/f) | ['grytə] |
| bakpan (de) | **steikepanne** (m/f) | ['stæjkə,pɑnə] |
| pollepel (de) | **sleiv** (m/f) | ['ʂlæjv] |
| vergiet (de/het) | **dørslag** (n) | ['dœʂlɑg] |
| dienblad (het) | **brett** (n) | ['brɛt] |
| fles (de) | **flaske** (m) | ['flɑskə] |
| glazen pot (de) | **glasskrukke** (m/f) | ['glɑs,krʉkə] |
| blik (conserven~) | **boks** (m) | ['bɔks] |
| flesopener (de) | **flaskeåpner** (m) | ['flɑskə,ɔpnər] |
| blikopener (de) | **konservåpner** (m) | ['kʊnsəv,ɔpnər] |
| kurkentrekker (de) | **korketrekker** (m) | ['kɔrkə,trɛkər] |
| filter (de/het) | **filter** (n) | ['filtər] |
| filteren (ww) | **å filtrere** | [ɔ fil'trerə] |
| huisvuil (het) | **søppel** (m/f/n) | ['sœpəl] |
| vuilnisemmer (de) | **søppelbøtte** (m/f) | ['sœpəl,bœtə] |

## 72. Badkamer

| | | |
|---|---|---|
| badkamer (de) | **bad, baderom** (n) | ['bɑd], ['bɑdə,rʊm] |
| water (het) | **vann** (n) | ['vɑn] |
| kraan (de) | **kran** (m/f) | ['krɑn] |
| warm water (het) | **varmt vann** (n) | ['vɑrmt ,vɑn] |
| koud water (het) | **kaldt vann** (n) | ['kɑlt vɑn] |
| tandpasta (de) | **tannpasta** (m) | ['tɑn,pɑstɑ] |
| tanden poetsen (ww) | **å pusse tennene** | [ɔ 'pʉsə 'tɛnənə] |
| tandenborstel (de) | **tannbørste** (m) | ['tɑn,bœʂtə] |
| zich scheren (ww) | **å barbere seg** | [ɔ bɑr'berə sæj] |
| scheercrème (de) | **barberskum** (n) | [bɑr'bɛ,ʂkʊm] |
| scheermes (het) | **høvel** (m) | ['høvəl] |
| wassen (ww) | **å vaske** | [ɔ 'vɑskə] |
| een bad nemen | **å vaske seg** | [ɔ 'vɑskə sæj] |
| douche (de) | **dusj** (m) | ['dʉʂ] |
| een douche nemen | **å ta en dusj** | [ɔ 'tɑ en 'dʉʂ] |
| bad (het) | **badekar** (n) | ['bɑdə,kɑr] |
| toiletpot (de) | **toalettstol** (m) | [tʊɑ'let,stʊl] |

| | | |
|---|---|---|
| wastafel (de) | **vaskeservant** (m) | ['vaskə,sɛr'vant] |
| zeep (de) | **såpe** (m/f) | ['so:pə] |
| zeepbakje (het) | **såpeskål** (m/f) | ['so:pə,skɔl] |
| spons (de) | **svamp** (m) | ['svamp] |
| shampoo (de) | **sjampo** (m) | ['ʂam,pʊ] |
| handdoek (de) | **håndkle** (n) | ['hɔn,kle] |
| badjas (de) | **badekåpe** (m/f) | ['badə,ko:pə] |
| was (bijv. handwas) | **vask** (m) | ['vask] |
| wasmachine (de) | **vaskemaskin** (m) | ['vaskə ma,ʂin] |
| de was doen | **å vaske tøy** | [ɔ 'vaskə 'tøj] |
| waspoeder (de) | **vaskepulver** (n) | ['vaskə,pʉlvər] |

## 73. Huishoudelijke apparaten

| | | |
|---|---|---|
| televisie (de) | **TV** (m), **TV-apparat** (n) | ['tɛvɛ], ['tɛvɛ apa'rat] |
| cassettespeler (de) | **båndopptaker** (m) | ['bɔn,ɔptakər] |
| videorecorder (de) | **video** (m) | ['videʊ] |
| radio (de) | **radio** (m) | ['radiʊ] |
| speler (de) | **spiller** (m) | ['spilər] |
| videoprojector (de) | **videoprojektor** (m) | ['videʊ prɔ'jɛktɔr] |
| home theater systeem (het) | **hjemmekino** (m) | ['jɛmə,çinʊ] |
| DVD-speler (de) | **DVD-spiller** (m) | [deve'de ,spilər] |
| versterker (de) | **forsterker** (m) | [fɔ'ʂtærkər] |
| spelconsole (de) | **spillkonsoll** (m) | ['spil kʊn'sɔl] |
| videocamera (de) | **videokamera** (n) | ['videʊ ,kamera] |
| fotocamera (de) | **kamera** (n) | ['kamera] |
| digitale camera (de) | **digitalkamera** (n) | [digi'tal ,kamera] |
| stofzuiger (de) | **støvsuger** (m) | ['støf,sʉgər] |
| strijkijzer (het) | **strykejern** (n) | ['strykə,jæ:ɳ] |
| strijkplank (de) | **strykebrett** (n) | ['strykə,brɛt] |
| telefoon (de) | **telefon** (m) | [tele'fʊn] |
| mobieltje (het) | **mobiltelefon** (m) | [mʊ'bil tele'fʊn] |
| schrijfmachine (de) | **skrivemaskin** (m) | ['skrivə ma,ʂin] |
| naaimachine (de) | **symaskin** (m) | ['si:ma,ʂin] |
| microfoon (de) | **mikrofon** (m) | [mikrʊ'fʊn] |
| koptelefoon (de) | **hodetelefoner** (n pl) | ['hɔdətelə,fʊnər] |
| afstandsbediening (de) | **fjernkontroll** (m) | ['fjæ:ɳ kʊn'trɔl] |
| CD (de) | **CD-rom** (m) | ['sɛdɛ,rʊm] |
| cassette (de) | **kassett** (m) | [ka'sɛt] |
| vinylplaat (de) | **plate, skive** (m/f) | ['platə], ['ʂivə] |

# DE AARDE. WEER

## 74. De kosmische ruimte

| | | |
|---|---|---|
| kosmos (de) | **rommet, kosmos** (n) | ['rʊmə], ['kɔsmɔs] |
| kosmisch (bn) | **rom-** | ['rʊm-] |
| kosmische ruimte (de) | **ytre rom** (n) | ['ytrə ˌrʊm] |
| wereld (de) | **verden** (m) | ['værdən] |
| heelal (het) | **univers** (n) | [ʉni'væʂ] |
| sterrenstelsel (het) | **galakse** (m) | [gɑ'lɑksə] |
| ster (de) | **stjerne** (m/f) | ['stjæ:ɳə] |
| sterrenbeeld (het) | **stjernebilde** (n) | ['stjæ:ɳəˌbildə] |
| planeet (de) | **planet** (m) | [plɑ'net] |
| satelliet (de) | **satellitt** (m) | [sɑtɛ'lit] |
| meteoriet (de) | **meteoritt** (m) | [meteʊ'rit] |
| komeet (de) | **komet** (m) | [kʊ'met] |
| asteroïde (de) | **asteroide** (n) | [ɑsterʊ'idə] |
| baan (de) | **bane** (m) | ['bɑnə] |
| draaien (om de zon, enz.) | **å rotere** | [ɔ rʊ'terə] |
| atmosfeer (de) | **atmosfære** (m) | [ɑtmʊ'sfærə] |
| Zon (de) | **Solen** | ['sʊlən] |
| zonnestelsel (het) | **solsystem** (n) | ['sʊl sʏ'stem] |
| zonsverduistering (de) | **solformørkelse** (m) | ['sʊl fɔr'mœrkəlsə] |
| Aarde (de) | **Jorden** | ['ju:rən] |
| Maan (de) | **Månen** | ['mo:nən] |
| Mars (de) | **Mars** | ['mɑʂ] |
| Venus (de) | **Venus** | ['venʉs] |
| Jupiter (de) | **Jupiter** | ['jʉpitər] |
| Saturnus (de) | **Saturn** | ['sɑˌtʉ:ɳ] |
| Mercurius (de) | **Merkur** | [mær'kʉr] |
| Uranus (de) | **Uranus** | [ʉ'rɑnʉs] |
| Neptunus (de) | **Neptun** | [nɛp'tʉn] |
| Pluto (de) | **Pluto** | ['plʉtʊ] |
| Melkweg (de) | **Melkeveien** | ['mɛlkəˌvæjən] |
| Grote Beer (de) | **den Store Bjørn** | ['dən 'stʊrə ˌbjœ:ɳ] |
| Poolster (de) | **Nordstjernen, Polaris** | ['nʊ:rˌstjæ:ɳən], [pɔ'laris] |
| marsmannetje (het) | **marsbeboer** (m) | ['mɑʂˌbebʊər] |
| buitenaards wezen (het) | **utenomjordisk vesen** (n) | ['ʉtənɔmˌju:rdisk 'vesən] |
| bovenaards (het) | **romvesen** (n) | ['rʊmˌvesən] |
| vliegende schotel (de) | **flygende tallerken** (m) | ['flygenə tɑ'lærkən] |
| ruimtevaartuig (het) | **romskip** (n) | ['rʊmˌʂip] |

| | | |
|---|---|---|
| ruimtestation (het) | **romstasjon** (m) | ['rʊmˌstɑ'ʂʊn] |
| start (de) | **start** (m), **oppskyting** (m/f) | ['stɑ:ʈ], ['ɔpˌʂytiŋ] |
| motor (de) | **motor** (m) | ['mɔtʊr] |
| straalpijp (de) | **dyse** (m) | ['dysə] |
| brandstof (de) | **brensel** (n), **drivstoff** (n) | ['brɛnsəl], ['drifˌstɔf] |
| cabine (de) | **cockpit** (m), **flydekk** (n) | ['kɔkpit], ['flyˌdɛk] |
| antenne (de) | **antenne** (m) | [ɑn'tɛnə] |
| patrijspoort (de) | **koøye** (n) | ['kʊˌøjə] |
| zonnebatterij (de) | **solbatteri** (n) | ['sʊl batɛ'ri] |
| ruimtepak (het) | **romdrakt** (m/f) | ['rʊmˌdrɑkt] |
| gewichtloosheid (de) | **vektløshet** (m/f) | ['vɛktløsˌhet] |
| zuurstof (de) | **oksygen** (n) | ['ɔksy'gen] |
| koppeling (de) | **dokking** (m/f) | ['dɔkiŋ] |
| koppeling maken | **å dokke** | [ɔ 'dɔkə] |
| observatorium (het) | **observatorium** (n) | [ɔbsərvɑ'tʊrium] |
| telescoop (de) | **teleskop** (n) | [tele'skʊp] |
| waarnemen (ww) | **å observere** | [ɔ ɔbsɛr'verə] |
| exploreren (ww) | **å utforske** | [ɔ 'ʉtˌføʂkə] |

## 75. De Aarde

| | | |
|---|---|---|
| Aarde (de) | **Jorden** | ['ju:rən] |
| aardbol (de) | **jordklode** (m) | ['ju:rˌklɔdə] |
| planeet (de) | **planet** (m) | [plɑ'net] |
| atmosfeer (de) | **atmosfære** (m) | [ɑtmʊ'sfærə] |
| aardrijkskunde (de) | **geografi** (m) | [geʊgrɑ'fi] |
| natuur (de) | **natur** (m) | [nɑ'tʉr] |
| wereldbol (de) | **globus** (m) | ['glɔbʉs] |
| kaart (de) | **kart** (n) | ['kɑ:ʈ] |
| atlas (de) | **atlas** (n) | ['ɑtlɑs] |
| Europa (het) | **Europa** | [ɛʉ'rʊpɑ] |
| Azië (het) | **Asia** | ['ɑsiɑ] |
| Afrika (het) | **Afrika** | ['ɑfrikɑ] |
| Australië (het) | **Australia** | [ɑʊ'strɑliɑ] |
| Amerika (het) | **Amerika** | [ɑ'merikɑ] |
| Noord-Amerika (het) | **Nord-Amerika** | ['nʊ:r ɑ'merikɑ] |
| Zuid-Amerika (het) | **Sør-Amerika** | ['sør ɑ'merikɑ] |
| Antarctica (het) | **Antarktis** | [ɑn'tɑrktis] |
| Arctis (de) | **Arktis** | ['ɑrktis] |

## 76. Windrichtingen

| | | |
|---|---|---|
| noorden (het) | **nord** (n) | ['nʊ:r] |
| naar het noorden | **mot nord** | [mʊt 'nʊ:r] |

| | | |
|---|---|---|
| in het noorden | **i nord** | [i 'nʊ:r] |
| noordelijk (bn) | **nordlig** | ['nʊ:rli] |
| zuiden (het) | **syd, sør** | ['syd], ['sør] |
| naar het zuiden | **mot sør** | [mʊt 'sør] |
| in het zuiden | **i sør** | [i 'sør] |
| zuidelijk (bn) | **sydlig, sørlig** | ['sydli], ['sø:ḷi] |
| westen (het) | **vest** (m) | ['vɛst] |
| naar het westen | **mot vest** | [mʊt 'vɛst] |
| in het westen | **i vest** | [i 'vɛst] |
| westelijk (bn) | **vestlig, vest-** | ['vɛstli] |
| oosten (het) | **øst** (m) | ['øst] |
| naar het oosten | **mot øst** | [mʊt 'øst] |
| in het oosten | **i øst** | [i 'øst] |
| oostelijk (bn) | **østlig** | ['østli] |

## 77. Zee. Oceaan

| | | |
|---|---|---|
| zee (de) | **hav** (n) | ['hɑv] |
| oceaan (de) | **verdenshav** (n) | [værdəns'hɑv] |
| golf (baai) | **bukt** (m/f) | ['bʉkt] |
| straat (de) | **sund** (n) | ['sʉn] |
| grond (vaste grond) | **fastland** (n) | ['fɑst,lɑn] |
| continent (het) | **fastland, kontinent** (n) | ['fɑst,lɑn], [kʊnti'nɛnt] |
| eiland (het) | **øy** (m/f) | ['øj] |
| schiereiland (het) | **halvøy** (m/f) | ['hɑl,ø:j] |
| archipel (de) | **skjærgård** (m), **arkipelag** (n) | ['ʂær,gɔr], [ɑrkipe'lɑg] |
| baai, bocht (de) | **bukt** (m/f) | ['bʉkt] |
| haven (de) | **havn** (m/f) | ['hɑvn] |
| lagune (de) | **lagune** (m) | [lɑ'gʉnə] |
| kaap (de) | **nes** (n), **kapp** (n) | ['nes], ['kɑp] |
| atol (de) | **atoll** (m) | [ɑ'tɔl] |
| rif (het) | **rev** (n) | ['rev] |
| koraal (het) | **korall** (m) | [kʊ'rɑl] |
| koraalrif (het) | **korallrev** (n) | [kʊ'rɑl,rɛv] |
| diep (bn) | **dyp** | ['dyp] |
| diepte (de) | **dybde** (m) | ['dʏbdə] |
| diepzee (de) | **avgrunn** (m) | ['ɑv,grʉn] |
| trog (bijv. Marianentrog) | **dyphavsgrop** (m/f) | ['dyphɑfs,grɔp] |
| stroming (de) | **strøm** (m) | ['strøm] |
| omspoelen (ww) | **å omgi** | [ɔ 'ɔm,ji] |
| oever (de) | **kyst** (m) | ['çyst] |
| kust (de) | **kyst** (m) | ['çyst] |
| vloed (de) | **flo** (m/f) | ['flʊ] |
| eb (de) | **ebbe** (m), **fjære** (m/f) | ['ɛbə], ['fjærə] |

| | | |
|---|---|---|
| ondiepte (ondiep water) | **sandbanke** (m) | ['san,bankə] |
| bodem (de) | **bunn** (m) | ['bʉn] |
| | | |
| golf (hoge ~) | **bølge** (m) | ['bølgə] |
| golfkam (de) | **bølgekam** (m) | ['bølgə,kam] |
| schuim (het) | **skum** (n) | ['skʉm] |
| | | |
| storm (de) | **storm** (m) | ['stɔrm] |
| orkaan (de) | **orkan** (m) | [ɔr'kan] |
| tsunami (de) | **tsunami** (m) | [tsʉ'nami] |
| windstilte (de) | **stille** (m/f) | ['stilə] |
| kalm (bijv. ~e zee) | **stille** | ['stilə] |
| | | |
| pool (de) | **pol** (m) | ['pʊl] |
| polair (bn) | **pol-, polar** | ['pʊl-], [pʊ'lar] |
| | | |
| breedtegraad (de) | **bredde, latitude** (m) | ['brɛdə], ['lati,tʉdə] |
| lengtegraad (de) | **lengde** (m/f) | ['leŋdə] |
| parallel (de) | **breddegrad** (m) | ['brɛdə,grad] |
| evenaar (de) | **ekvator** (m) | [ɛ'kvatʊr] |
| | | |
| hemel (de) | **himmel** (m) | ['himəl] |
| horizon (de) | **horisont** (m) | [hʊri'sɔnt] |
| lucht (de) | **luft** (f) | ['lʉft] |
| | | |
| vuurtoren (de) | **fyr** (n) | ['fyr] |
| duiken (ww) | **å dykke** | [ɔ 'dʏkə] |
| zinken (ov. een boot) | **å synke** | [ɔ 'sʏnkə] |
| schatten (mv.) | **skatter** (m pl) | ['skatər] |

## 78. Namen van zeeën en oceanen

| | | |
|---|---|---|
| Atlantische Oceaan (de) | **Atlanterhavet** | [at'lantər,have] |
| Indische Oceaan (de) | **Indiahavet** | ['india,have] |
| Stille Oceaan (de) | **Stillehavet** | ['stilə,have] |
| Noordelijke IJszee (de) | **Polhavet** | ['pɔl,have] |
| | | |
| Zwarte Zee (de) | **Svartehavet** | ['sva:ʈə,have] |
| Rode Zee (de) | **Rødehavet** | ['rødə,have] |
| Gele Zee (de) | **Gulehavet** | ['gʉlə,have] |
| Witte Zee (de) | **Kvitsjøen, Hvitehavet** | ['kvit,ʂø:n], ['vit,have] |
| | | |
| Kaspische Zee (de) | **Kaspihavet** | ['kaspi,have] |
| Dode Zee (de) | **Dødehavet** | ['dødə'have] |
| Middellandse Zee (de) | **Middelhavet** | ['midəl,have] |
| | | |
| Egeïsche Zee (de) | **Egeerhavet** | [ɛ'ge:ər,have] |
| Adriatische Zee (de) | **Adriahavet** | ['adria,have] |
| | | |
| Arabische Zee (de) | **Arabiahavet** | [a'rabia,have] |
| Japanse Zee (de) | **Japanhavet** | ['japan,have] |
| Beringzee (de) | **Beringhavet** | ['beriŋ,have] |
| Zuid-Chinese Zee (de) | **Sør-Kina-havet** | ['sør,çina 'have] |
| Koraalzee (de) | **Korallhavet** | [kʊ'ral,have] |

| Tasmanzee (de) | Tasmanhavet | [tɑs'mɑn,hɑve] |
| Caribische Zee (de) | Karibhavet | [kɑ'rib,hɑve] |

| Barentszzee (de) | Barentshavet | ['bɑrɛns,hɑve] |
| Karische Zee (de) | Karahavet | ['kɑrɑ,hɑve] |

| Noordzee (de) | Nordsjøen | ['nʉːr,ʂøːn] |
| Baltische Zee (de) | Østersjøen | ['øste,ʂøːn] |
| Noorse Zee (de) | Norskehavet | ['nɔʂke,hɑve] |

## 79. Bergen

| berg (de) | fjell (n) | ['fjɛl] |
| bergketen (de) | fjellkjede (m) | ['fjɛl,çɛːde] |
| gebergte (het) | fjellrygg (m) | ['fjɛl,rʏg] |

| bergtop (de) | topp (m) | ['tɔp] |
| bergpiek (de) | tind (m) | ['tin] |
| voet (ov. de berg) | fot (m) | ['fʊt] |
| helling (de) | skråning (m) | ['skrɔniŋ] |

| vulkaan (de) | vulkan (m) | [vʉl'kɑn] |
| actieve vulkaan (de) | virksom vulkan (m) | ['virksɔm vʉl'kɑn] |
| uitgedoofde vulkaan (de) | utslukt vulkan (m) | ['ʉt,slʉkt vʉl'kɑn] |

| uitbarsting (de) | utbrudd (n) | ['ʉt,brʉd] |
| krater (de) | krater (n) | ['krɑtər] |
| magma (het) | magma (m/n) | ['mɑgmɑ] |
| lava (de) | lava (m) | ['lɑvɑ] |
| gloeiend (~e lava) | glødende | ['glødene] |

| kloof (canyon) | canyon (m) | ['kɑnjən] |
| bergkloof (de) | gjel (n), kløft (m) | ['jel], ['klœft] |
| spleet (de) | renne (m/f) | ['rɛnə] |
| afgrond (de) | avgrunn (m) | ['ɑv,grʉn] |

| bergpas (de) | pass (n) | ['pɑs] |
| plateau (het) | platå (n) | [plɑ'to] |
| klip (de) | klippe (m) | ['klipə] |
| heuvel (de) | ås (m) | ['ɔs] |

| gletsjer (de) | bre, jøkel (m) | ['bre], ['jøkəl] |
| waterval (de) | foss (m) | ['fɔs] |
| geiser (de) | geysir (m) | ['gɛjsir] |
| meer (het) | innsjø (m) | ['in'ʂø] |

| vlakte (de) | slette (m/f) | ['ʂletə] |
| landschap (het) | landskap (n) | ['lɑn,skɑp] |
| echo (de) | ekko (n) | ['ɛkʊ] |

| alpinist (de) | alpinist (m) | [ɑlpi'nist] |
| bergbeklimmer (de) | fjellklatrer (m) | ['fjɛl,klɑtrər] |
| trotseren (berg ~) | å erobre | [ɔ ɛ'rʊbrə] |
| beklimming (de) | bestigning (m/f) | [be'stigniŋ] |

## 80. Bergen namen

| | | |
|---|---|---|
| Alpen (de) | **Alpene** | ['alpenə] |
| Mont Blanc (de) | **Mont Blanc** | [ˌmɔn'blan] |
| Pyreneeën (de) | **Pyreneene** | [pyre'ne:ənə] |
| Karpaten (de) | **Karpatene** | [kar'patenə] |
| Oeralgebergte (het) | **Uralfjellene** | [ʉ'ral ˌfjɛlenə] |
| Kaukasus (de) | **Kaukasus** | ['kaʊkasʉs] |
| Elbroes (de) | **Elbrus** | [ɛl'brʉs] |
| Altaj (de) | **Altaj** | [al'taj] |
| Tiensjan (de) | **Tien Shan** | [ti'enˌʂan] |
| Pamir (de) | **Pamir** | [pa'mir] |
| Himalaya (de) | **Himalaya** | [hima'laja] |
| Everest (de) | **Everest** | ['ɛve'rɛst] |
| Andes (de) | **Andes** | ['andəs] |
| Kilimanjaro (de) | **Kilimanjaro** | [kiliman'dʂarʊ] |

## 81. Rivieren

| | | |
|---|---|---|
| rivier (de) | **elv** (m/f) | ['ɛlv] |
| bron (~ van een rivier) | **kilde** (m) | ['çildə] |
| rivierbedding (de) | **elveleie** (n) | ['ɛlvəˌlæje] |
| rivierbekken (het) | **flodbasseng** (n) | ['flʊd baˌseŋ] |
| uitmonden in ... | **å munne ut ...** | [ɔ 'mʉnə ʉt ...] |
| zijrivier (de) | **bielv** (m/f) | ['biˌelv] |
| oever (de) | **bredd** (m) | ['brɛd] |
| stroming (de) | **strøm** (m) | ['strøm] |
| stroomafwaarts (bw) | **medstrøms** | ['meˌstrøms] |
| stroomopwaarts (bw) | **motstrøms** | ['mʊtˌstrøms] |
| overstroming (de) | **oversvømmelse** (m) | ['ɔvəˌʂvœməlsə] |
| overstroming (de) | **flom** (m) | ['flɔm] |
| buiten zijn oevers treden | **å overflø** | [ɔ 'ɔvərˌflø] |
| overstromen (ww) | **å oversvømme** | [ɔ 'ɔvəˌʂvœmə] |
| zandbank (de) | **grunne** (m/f) | ['grʉnə] |
| stroomversnelling (de) | **stryk** (m/n) | ['stryk] |
| dam (de) | **demning** (m) | ['dɛmniŋ] |
| kanaal (het) | **kanal** (m) | [ka'nal] |
| spaarbekken (het) | **reservoar** (n) | [resɛrvʊ'ar] |
| sluis (de) | **sluse** (m) | ['ʂlʉsə] |
| waterlichaam (het) | **vannmasse** (m) | ['vanˌmasə] |
| moeras (het) | **myr, sump** (m) | ['myr], ['sʉmp] |
| broek (het) | **hengemyr** (m) | ['hɛŋeˌmyr] |
| draaikolk (de) | **virvel** (m) | ['virvəl] |
| stroom (de) | **bekk** (m) | ['bɛk] |

| | | |
|---|---|---|
| drink- (abn) | **drikke-** | ['drikə-] |
| zoet (~ water) | **fersk-** | ['fæşk-] |
| IJs (het) | **is** (m) | ['is] |
| bevriezen (rivier, enz.) | **å fryse til** | [ɔ 'frysə til] |

## 82. Namen van rivieren

| | | |
|---|---|---|
| Seine (de) | **Seine** | ['sɛ:n] |
| Loire (de) | **Loire** | [lu'ɑ:r] |
| Theems (de) | **Themsen** | ['tɛmsən] |
| Rijn (de) | **Rhinen** | ['ri:nən] |
| Donau (de) | **Donau** | ['dɔnaʊ] |
| Wolga (de) | **Volga** | ['vɔlgɑ] |
| Don (de) | **Don** | ['dɔn] |
| Lena (de) | **Lena** | ['lenɑ] |
| Gele Rivier (de) | **Huang He** | [ˌhwɑn'hɛ] |
| Blauwe Rivier (de) | **Yangtze** | ['jaŋtse] |
| Mekong (de) | **Mekong** | [me'kɔŋ] |
| Ganges (de) | **Ganges** | ['gɑŋes] |
| Nijl (de) | **Nilen** | ['nilən] |
| Kongo (de) | **Kongo** | ['kɔngʊ] |
| Okavango (de) | **Okavango** | [ʊkɑ'vɑngʊ] |
| Zambezi (de) | **Zambezi** | [sɑm'besi] |
| Limpopo (de) | **Limpopo** | [limpɔ'pɔ] |
| Mississippi (de) | **Mississippi** | ['misi'sipi] |

## 83. Bos

| | | |
|---|---|---|
| bos (het) | **skog** (m) | ['skʊg] |
| bos- (abn) | **skog-** | ['skʊg-] |
| oerwoud (dicht bos) | **tett skog** (n) | ['tɛt ˌskʊg] |
| bosje (klein bos) | **lund** (m) | ['lʉn] |
| open plek (de) | **glenne** (m/f) | ['glenə] |
| struikgewas (het) | **krattskog** (m) | ['krɑtˌskʊg] |
| struiken (mv.) | **kratt** (n) | ['krɑt] |
| paadje (het) | **sti** (m) | ['sti] |
| ravijn (het) | **ravine** (m) | [rɑ'vinə] |
| boom (de) | **tre** (n) | ['trɛ] |
| blad (het) | **blad** (n) | ['blɑ] |
| gebladerte (het) | **løv** (n) | ['løv] |
| vallende bladeren (mv.) | **løvfall** (n) | ['løvˌfɑl] |
| vallen (ov. de bladeren) | **å falle** | [ɔ 'fɑlə] |

| | | |
|---|---|---|
| boomtop (de) | **tretopp** (m) | ['trɛˌtɔp] |
| tak (de) | **kvist, gren** (m) | ['kvist], ['gren] |
| ent (de) | **gren, grein** (m/f) | ['gren], ['græjn] |
| knop (de) | **knopp** (m) | ['knɔp] |
| naald (de) | **nål** (m/f) | ['nɔl] |
| dennenappel (de) | **kongle** (m/f) | ['kʊŋlə] |
| boom holte (de) | **trehull** (n) | ['trɛˌhʉl] |
| nest (het) | **reir** (n) | ['ræjr] |
| hol (het) | **hule** (m/f) | ['hʉlə] |
| stam (de) | **stamme** (m) | ['stɑmə] |
| wortel (bijv. boom~s) | **rot** (m/f) | ['rʊt] |
| schors (de) | **bark** (m) | ['bɑrk] |
| mos (het) | **mose** (m) | ['mʊsə] |
| ontwortelen (een boom) | **å rykke opp med roten** | [ɔ 'rʏkə ɔp me 'rutən] |
| kappen (een boom ~) | **å felle** | [ɔ 'fɛlə] |
| ontbossen (ww) | **å hogge ned** | [ɔ 'hɔgə 'ne] |
| stronk (de) | **stubbe** (m) | ['stʉbə] |
| kampvuur (het) | **bål** (n) | ['bɔl] |
| bosbrand (de) | **skogbrann** (m) | ['skʊgˌbrɑn] |
| blussen (ww) | **å slokke** | [ɔ 'ʂløkə] |
| boswachter (de) | **skogvokter** (m) | ['skʊgˌvɔktər] |
| bescherming (de) | **vern** (n), **beskyttelse** (m) | ['væːn], ['be'ʂytəlsə] |
| beschermen (bijv. de natuur ~) | **å beskytte** | [ɔ be'ʂytə] |
| stroper (de) | **tyvskytter** (m) | ['tyfˌʂytər] |
| val (de) | **saks** (m/f) | ['sɑks] |
| plukken (vruchten, enz.) | **å plukke** | [ɔ 'plʉkə] |
| verdwalen (de weg kwijt zijn) | **å gå seg vill** | [ɔ 'gɔ sæj 'vil] |

## 84. Natuurlijke hulpbronnen

| | | |
|---|---|---|
| natuurlijke rijkdommen (mv.) | **naturressurser** (m pl) | [nɑ'tʉr rɛ'sʉʂər] |
| delfstoffen (mv.) | **mineraler** (n pl) | [minə'rɑlər] |
| lagen (mv.) | **forekomster** (m pl) | ['fɔrəˌkɔmstər] |
| veld (bijv. olie~) | **felt** (m) | ['fɛlt] |
| winnen (uit erts ~) | **å utvinne** | [ɔ 'ʉtˌvinə] |
| winning (de) | **utvinning** (m/f) | ['ʉtˌviniŋ] |
| erts (het) | **malm** (m) | ['mɑlm] |
| mijn (bijv. kolenmijn) | **gruve** (m/f) | ['grʉvə] |
| mijnschacht (de) | **gruvesjakt** (m/f) | ['grʉvəˌʂɑkt] |
| mijnwerker (de) | **gruvearbeider** (m) | ['grʉvə'ɑrˌbæjdər] |
| gas (het) | **gass** (m) | ['gɑs] |
| gasleiding (de) | **gassledning** (m) | ['gɑsˌledniŋ] |
| olie (aardolie) | **olje** (m) | ['ɔljə] |
| olieleiding (de) | **oljeledning** (m) | ['ɔljəˌledniŋ] |

| | | |
|---|---|---|
| oliebron (de) | **oljebrønn** (m) | ['ɔljə,brœn] |
| boortoren (de) | **boretårn** (n) | ['bo:rə,tɔ:ɳ] |
| tanker (de) | **tankskip** (n) | ['tɑnk,ʂip] |
| zand (het) | **sand** (m) | ['sɑn] |
| kalksteen (de) | **kalkstein** (m) | ['kɑlk,stæjn] |
| grind (het) | **grus** (m) | ['grʉs] |
| veen (het) | **torv** (m/f) | ['tɔrv] |
| klei (de) | **leir** (n) | ['læjr] |
| steenkool (de) | **kull** (n) | ['kʉl] |
| IJzer (het) | **jern** (n) | ['jæ:ɳ] |
| goud (het) | **gull** (n) | ['gʉl] |
| zilver (het) | **sølv** (n) | ['søl] |
| nikkel (het) | **nikkel** (m) | ['nikəl] |
| koper (het) | **kobber** (n) | ['kɔbər] |
| zink (het) | **sink** (m/n) | ['sink] |
| mangaan (het) | **mangan** (m/n) | [mɑ'ŋɑn] |
| kwik (het) | **kvikksølv** (n) | ['kvik,søl] |
| lood (het) | **bly** (n) | ['bly] |
| mineraal (het) | **mineral** (n) | [minə'rɑl] |
| kristal (het) | **krystall** (m/n) | [kry'stɑl] |
| marmer (het) | **marmor** (m/n) | ['mɑrmʊr] |
| uraan (het) | **uran** (m/n) | [ʉ'rɑn] |

## 85. Weer

| | | |
|---|---|---|
| weer (het) | **vær** (n) | ['vær] |
| weersvoorspelling (de) | **værvarsel** (n) | ['vær,vɑʂəl] |
| temperatuur (de) | **temperatur** (m) | [tɛmpərɑ'tʉr] |
| thermometer (de) | **termometer** (n) | [tɛrmʊ'metər] |
| barometer (de) | **barometer** (n) | [bɑrʊ'metər] |
| vochtig (bn) | **fuktig** | ['fʉkti] |
| vochtigheid (de) | **fuktighet** (m) | ['fʉkti,het] |
| hitte (de) | **hete** (m) | ['he:tə] |
| heet (bn) | **het** | ['het] |
| het is heet | **det er hett** | [de ær 'het] |
| het is warm | **det er varmt** | [de ær 'vɑrmt] |
| warm (bn) | **varm** | ['vɑrm] |
| het is koud | **det er kaldt** | [de ær 'kɑlt] |
| koud (bn) | **kald** | ['kɑl] |
| zon (de) | **sol** (m/f) | ['sʊl] |
| schijnen (de zon) | **å skinne** | [ɔ 'ʂinə] |
| zonnig (~e dag) | **solrik** | ['sʊl,rik] |
| opgaan (ov. de zon) | **å gå opp** | [ɔ 'gɔ ɔp] |
| ondergaan (ww) | **å gå ned** | [ɔ 'gɔ ne] |
| wolk (de) | **sky** (m) | ['ʂy] |
| bewolkt (bn) | **skyet** | ['ʂy:ət] |

| | | |
|---|---|---|
| regenwolk (de) | **regnsky** (m/f) | ['ræjn,ʂy] |
| somber (bn) | **mørk** | ['mœrk] |
| regen (de) | **regn** (n) | ['ræjn] |
| het regent | **det regner** | [de 'ræjnər] |
| regenachtig (bn) | **regnværs-** | ['ræjn,væʂ-] |
| motregenen (ww) | **å småregne** | [ɔ 'smo:ræjnə] |
| plensbui (de) | **piskende regn** (n) | ['piskenə ,ræjn] |
| stortbui (de) | **styrtregn** (n) | ['sty:ʈ,ræjn] |
| hard (bn) | **kraftig, sterk** | ['krɑfti], ['stærk] |
| plas (de) | **vannpytt** (m) | ['vɑn,pʏt] |
| nat worden (ww) | **å bli våt** | [ɔ 'bli 'vɔt] |
| mist (de) | **tåke** (m/f) | ['to:kə] |
| mistig (bn) | **tåke** | ['to:kə] |
| sneeuw (de) | **snø** (m) | ['snø] |
| het sneeuwt | **det snør** | [de 'snør] |

## 86. Zwaar weer. Natuurrampen

| | | |
|---|---|---|
| noodweer (storm) | **tordenvær** (n) | ['tʊrdən,vær] |
| bliksem (de) | **lyn** (n) | ['lyn] |
| flitsen (ww) | **å glimte** | [ɔ 'glimtə] |
| donder (de) | **torden** (m) | ['tʊrdən] |
| donderen (ww) | **å tordne** | [ɔ 'tʊrdnə] |
| het dondert | **det tordner** | [de 'tʊrdnər] |
| hagel (de) | **hagle** (m/f) | ['hɑglə] |
| het hagelt | **det hagler** | [de 'hɑglər] |
| overstromen (ww) | **å oversvømme** | [ɔ 'ɔvə,ʂvœmə] |
| overstroming (de) | **oversvømmelse** (m) | ['ɔvə,ʂvœməlsə] |
| aardbeving (de) | **jordskjelv** (n) | ['ju:r,ʂɛlv] |
| aardschok (de) | **skjelv** (n) | ['ʂɛlv] |
| epicentrum (het) | **episenter** (n) | [ɛpi'sɛntər] |
| uitbarsting (de) | **utbrudd** (n) | ['ʉt,brʉd] |
| lava (de) | **lava** (m) | ['lɑvɑ] |
| wervelwind (de) | **skypumpe** (m/f) | ['ʂy,pʉmpə] |
| windhoos (de) | **tornado** (m) | [tʊ:'ɳɑdʊ] |
| tyfoon (de) | **tyfon** (m) | [ty'fʊn] |
| orkaan (de) | **orkan** (m) | [ɔr'kɑn] |
| storm (de) | **storm** (m) | ['stɔrm] |
| tsunami (de) | **tsunami** (m) | [tsʉ'nɑmi] |
| cycloon (de) | **syklon** (m) | [sy'klun] |
| onweer (het) | **uvær** (n) | ['ʉ:,vær] |
| brand (de) | **brann** (m) | ['brɑn] |
| ramp (de) | **katastrofe** (m) | [kɑtɑ'strɔfə] |

| | | |
|---|---|---|
| meteoriet (de) | **meteoritt** (m) | [meteʊ'rit] |
| lawine (de) | **lavine** (m) | [lɑ'vinə] |
| sneeuwverschuiving (de) | **snøskred, snøras** (n) | ['snøˌskred], ['snøras] |
| sneeuwjacht (de) | **snøstorm** (m) | ['snøˌstɔrm] |
| sneeuwstorm (de) | **snøstorm** (m) | ['snøˌstɔrm] |

# FAUNA

## 87. Zoogdieren. Roofdieren

| | | |
|---|---|---|
| roofdier (het) | **rovdyr** (n) | ['rɔvˌdyr] |
| tijger (de) | **tiger** (m) | ['tigər] |
| leeuw (de) | **løve** (m/f) | ['løve] |
| wolf (de) | **ulv** (m) | ['ʉlv] |
| vos (de) | **rev** (m) | ['rev] |
| jaguar (de) | **jaguar** (m) | [jagʉ'ɑr] |
| luipaard (de) | **leopard** (m) | [leʊ'pɑrd] |
| jachtluipaard (de) | **gepard** (m) | [ge'pɑrd] |
| panter (de) | **panter** (m) | ['pɑntər] |
| poema (de) | **puma** (m) | ['pʉmɑ] |
| sneeuwluipaard (de) | **snøleopard** (m) | ['snø leʊ'pɑrd] |
| lynx (de) | **gaupe** (m/f) | ['gaʊpə] |
| coyote (de) | **coyote, prærieulv** (m) | [kɔ'jotə], ['præriˌʉlv] |
| jakhals (de) | **sjakal** (m) | [ʂɑ'kɑl] |
| hyena (de) | **hyene** (m) | [hy'enə] |

## 88. Wilde dieren

| | | |
|---|---|---|
| dier (het) | **dyr** (n) | ['dyr] |
| beest (het) | **best, udyr** (n) | ['bɛst], ['ʉˌdyr] |
| eekhoorn (de) | **ekorn** (n) | ['ɛkʊ:ɳ] |
| egel (de) | **pinnsvin** (n) | ['pinˌsvin] |
| haas (de) | **hare** (m) | ['hɑrə] |
| konijn (het) | **kanin** (m) | [kɑ'nin] |
| das (de) | **grevling** (m) | ['grɛvliŋ] |
| wasbeer (de) | **vaskebjørn** (m) | ['vɑskəˌbjœ:ɳ] |
| hamster (de) | **hamster** (m) | ['hɑmstər] |
| marmot (de) | **murmeldyr** (n) | ['mʉrməlˌdyr] |
| mol (de) | **muldvarp** (m) | ['mʉlˌvɑrp] |
| muis (de) | **mus** (m/f) | ['mʉs] |
| rat (de) | **rotte** (m/f) | ['rɔtə] |
| vleermuis (de) | **flaggermus** (m/f) | ['flɑgərˌmʉs] |
| hermelijn (de) | **røyskatt** (m) | ['røjskɑt] |
| sabeldier (het) | **sobel** (m) | ['sʊbəl] |
| marter (de) | **mår** (m) | ['mɔr] |
| wezel (de) | **snømus** (m/f) | ['snøˌmʉs] |
| nerts (de) | **mink** (m) | ['mink] |

| | | |
|---|---|---|
| bever (de) | **bever** (m) | ['bevər] |
| otter (de) | **oter** (m) | ['ʊtər] |
| paard (het) | **hest** (m) | ['hɛst] |
| eland (de) | **elg** (m) | ['ɛlg] |
| hert (het) | **hjort** (m) | ['jɔ:ʈ] |
| kameel (de) | **kamel** (m) | [kɑ'mel] |
| bizon (de) | **bison** (m) | ['bisɔn] |
| oeros (de) | **urokse** (m) | ['ʉrˌʊksə] |
| buffel (de) | **bøffel** (m) | ['bøfəl] |
| zebra (de) | **sebra** (m) | ['sebrɑ] |
| antilope (de) | **antilope** (m) | [ɑnti'lʊpə] |
| ree (de) | **rådyr** (n) | ['rɔˌdyr] |
| damhert (het) | **dåhjort, dådyr** (n) | ['dɔˌjɔ:ʈ], ['dɔˌdyr] |
| gems (de) | **gemse** (m) | ['gɛmsə] |
| everzwijn (het) | **villsvin** (n) | ['vilˌsvin] |
| walvis (de) | **hval** (m) | ['vɑl] |
| rob (de) | **sel** (m) | ['sel] |
| walrus (de) | **hvalross** (m) | ['vɑlˌrɔs] |
| zeehond (de) | **pelssel** (m) | ['pɛlsˌsel] |
| dolfijn (de) | **delfin** (m) | [dɛl'fin] |
| beer (de) | **bjørn** (m) | ['bjœ:ɳ] |
| IJsbeer (de) | **isbjørn** (m) | ['isˌbjœ:ɳ] |
| panda (de) | **panda** (m) | ['pɑndɑ] |
| aap (de) | **ape** (m/f) | ['ɑpe] |
| chimpansee (de) | **sjimpanse** (m) | [ʂim'pɑnsə] |
| orang-oetan (de) | **orangutang** (m) | [ʊ'rɑŋgʉˌtɑŋ] |
| gorilla (de) | **gorilla** (m) | [gɔ'rilɑ] |
| makaak (de) | **makak** (m) | [mɑ'kɑk] |
| gibbon (de) | **gibbon** (m) | ['gibʊn] |
| olifant (de) | **elefant** (m) | [ɛle'fɑnt] |
| neushoorn (de) | **neshorn** (n) | ['nesˌhʊ:ɳ] |
| giraffe (de) | **sjiraff** (m) | [ʂi'rɑf] |
| nijlpaard (het) | **flodhest** (m) | ['flʊdˌhɛst] |
| kangoeroe (de) | **kenguru** (m) | ['kɛŋgʉrʉ] |
| koala (de) | **koala** (m) | [kʊ'ɑlɑ] |
| mangoest (de) | **mangust, mungo** (m) | [mɑŋ'gʉst], ['mʉŋgu] |
| chinchilla (de) | **chinchilla** (m) | [ʂin'ʂilɑ] |
| stinkdier (het) | **skunk** (m) | ['skunk] |
| stekelvarken (het) | **hulepinnsvin** (n) | ['hʉləˌpinsvin] |

## 89. Huisdieren

| | | |
|---|---|---|
| poes (de) | **katt** (m) | ['kɑt] |
| kater (de) | **hannkatt** (m) | ['hɑnˌkɑt] |
| hond (de) | **hund** (m) | ['hʉŋ] |

| | | |
|---|---|---|
| paard (het) | **hest** (m) | ['hɛst] |
| hengst (de) | **hingst** (m) | ['hiŋst] |
| merrie (de) | **hoppe, merr** (m/f) | ['hɔpə], ['mɛr] |
| koe (de) | **ku** (f) | ['kʉ] |
| stier (de) | **tyr** (m) | ['tyr] |
| os (de) | **okse** (m) | ['ɔksə] |
| schaap (het) | **sau** (m) | ['saʊ] |
| ram (de) | **vær, saubukk** (m) | ['vær], ['saʊˌbʉk] |
| geit (de) | **geit** (m/f) | ['jæjt] |
| bok (de) | **geitebukk** (m) | ['jæjtəˌbʉk] |
| ezel (de) | **esel** (n) | ['ɛsəl] |
| muilezel (de) | **muldyr** (n) | ['mʉlˌdyr] |
| varken (het) | **svin** (n) | ['svin] |
| biggetje (het) | **gris** (m) | ['gris] |
| konijn (het) | **kanin** (m) | [kɑ'nin] |
| kip (de) | **høne** (m/f) | ['hønə] |
| haan (de) | **hane** (m) | ['hɑnə] |
| eend (de) | **and** (m/f) | ['ɑn] |
| woerd (de) | **andrik** (m) | ['ɑndrik] |
| gans (de) | **gås** (m/f) | ['gɔs] |
| kalkoen haan (de) | **kalkunhane** (m) | [kɑl'kʉnˌhɑnə] |
| kalkoen (de) | **kalkunhøne** (m/f) | [kɑl'kʉnˌhønə] |
| huisdieren (mv.) | **husdyr** (n pl) | ['hʉsˌdyr] |
| tam (bijv. hamster) | **tam** | ['tɑm] |
| temmen (tam maken) | **å temme** | [ɔ 'tɛmə] |
| fokken (bijv. paarden ~) | **å avle, å oppdrette** | [ɔ 'ɑvlə], [ɔ 'ɔpˌdrɛtə] |
| boerderij (de) | **farm, gård** (m) | ['fɑrm], ['gɔ:r] |
| gevogelte (het) | **fjærfe** (n) | ['fjærˌfɛ] |
| rundvee (het) | **kveg** (n) | ['kvɛg] |
| kudde (de) | **flokk, bøling** (m) | ['flɔk], ['bøliŋ] |
| paardenstal (de) | **stall** (m) | ['stɑl] |
| zwijnenstal (de) | **grisehus** (n) | ['grisəˌhʉs] |
| koeienstal (de) | **kufjøs** (m/n) | ['kuˌfjøs] |
| konijnenhok (het) | **kaninbur** (n) | [kɑ'ninˌbʉr] |
| kippenhok (het) | **hønsehus** (n) | ['hønsəˌhʉs] |

## 90. Vogels

| | | |
|---|---|---|
| vogel (de) | **fugl** (m) | ['fʉl] |
| duif (de) | **due** (m/f) | ['dʉə] |
| mus (de) | **spurv** (m) | ['spʉrv] |
| koolmees (de) | **kjøttmeis** (m/f) | ['çœtˌmæjs] |
| ekster (de) | **skjære** (m/f) | ['ʂærə] |
| raaf (de) | **ravn** (m) | ['rɑvn] |

| | | |
|---|---|---|
| kraai (de) | **kråke** (m) | ['kro:kə] |
| kauw (de) | **kaie** (m/f) | ['kajə] |
| roek (de) | **kornkråke** (m/f) | ['kʊ:ɳˌkro:kə] |
| eend (de) | **and** (m/f) | ['ɑn] |
| gans (de) | **gås** (m/f) | ['gɔs] |
| fazant (de) | **fasan** (m) | [fɑ'sɑn] |
| arend (de) | **ørn** (m/f) | ['œ:ɳ] |
| havik (de) | **hauk** (m) | ['haʊk] |
| valk (de) | **falk** (m) | ['fɑlk] |
| gier (de) | **gribb** (m) | ['grib] |
| condor (de) | **kondor** (m) | [kʊn'dʊr] |
| zwaan (de) | **svane** (m/f) | ['svɑnə] |
| kraanvogel (de) | **trane** (m/f) | ['trɑnə] |
| ooievaar (de) | **stork** (m) | ['stɔrk] |
| papegaai (de) | **papegøye** (m) | [pɑpe'gøjə] |
| kolibrie (de) | **kolibri** (m) | [kʊ'libri] |
| pauw (de) | **påfugl** (m) | ['pɔˌfʉl] |
| struisvogel (de) | **struts** (m) | ['strʉts] |
| reiger (de) | **hegre** (m) | ['hæjrə] |
| flamingo (de) | **flamingo** (m) | [flɑ'mingʊ] |
| pelikaan (de) | **pelikan** (m) | [peli'kɑn] |
| nachtegaal (de) | **nattergal** (m) | ['nɑtərˌgɑl] |
| zwaluw (de) | **svale** (m/f) | ['svɑlə] |
| lijster (de) | **trost** (m) | ['trʊst] |
| zanglijster (de) | **måltrost** (m) | ['mo:lˌtrʊst] |
| merel (de) | **svarttrost** (m) | ['svɑ:ˌʈrʊst] |
| gierzwaluw (de) | **tårnseiler** (m), **tårnsvale** (m/f) | ['tɔ:ɳˌsæjlə], ['tɔ:ɳˌsvɑlə] |
| leeuwerik (de) | **lerke** (m/f) | ['lærkə] |
| kwartel (de) | **vaktel** (m) | ['vɑktəl] |
| specht (de) | **hakkespett** (m) | ['hɑkəˌspɛt] |
| koekoek (de) | **gjøk, gauk** (m) | ['jøk], ['gaʊk] |
| uil (de) | **ugle** (m/f) | ['ʉglə] |
| oehoe (de) | **hubro** (m) | ['hʉbrʊ] |
| auerhoen (het) | **storfugl** (m) | ['stʊrˌfʉl] |
| korhoen (het) | **orrfugl** (m) | ['ɔrˌfʉl] |
| patrijs (de) | **rapphøne** (m/f) | ['rɑpˌhønə] |
| spreeuw (de) | **stær** (m) | ['stær] |
| kanarie (de) | **kanarifugl** (m) | [kɑ'nɑriˌfʉl] |
| hazelhoen (het) | **jerpe** (m/f) | ['jærpə] |
| vink (de) | **bokfink** (m) | ['bʊkˌfink] |
| goudvink (de) | **dompap** (m) | ['dʊmpɑp] |
| meeuw (de) | **måke** (m/f) | ['mo:kə] |
| albatros (de) | **albatross** (m) | ['ɑlbɑˌtrɔs] |
| pinguïn (de) | **pingvin** (m) | [piŋ'vin] |

## 91. Vis. Zeedieren

| | | |
|---|---|---|
| brasem (de) | **brasme** (m/f) | ['brasmə] |
| karper (de) | **karpe** (m) | ['karpə] |
| baars (de) | **åbor** (m) | ['obɔr] |
| meerval (de) | **malle** (m) | ['malə] |
| snoek (de) | **gjedde** (m/f) | ['jɛdə] |
| zalm (de) | **laks** (m) | ['laks] |
| steur (de) | **stør** (m) | ['stør] |
| haring (de) | **sild** (m/f) | ['sil] |
| atlantische zalm (de) | **atlanterhavslaks** (m) | [at'lantərhafs,laks] |
| makreel (de) | **makrell** (m) | [ma'krɛl] |
| platvis (de) | **rødspette** (m/f) | ['rø,spɛtə] |
| snoekbaars (de) | **gjørs** (m) | ['jø:ʂ] |
| kabeljauw (de) | **torsk** (m) | ['tɔʂk] |
| tonijn (de) | **tunfisk** (m) | ['tʉn,fisk] |
| forel (de) | **ørret** (m) | ['øret] |
| paling (de) | **ål** (m) | ['ɔl] |
| sidderrog (de) | **elektrisk rokke** (m/f) | [ɛ'lektrisk ,rɔkə] |
| murene (de) | **murene** (m) | [mʉ'rɛnə] |
| piranha (de) | **piraja** (m) | [pi'raja] |
| haai (de) | **hai** (m) | ['haj] |
| dolfijn (de) | **delfin** (m) | [dɛl'fin] |
| walvis (de) | **hval** (m) | ['val] |
| krab (de) | **krabbe** (m) | ['krabə] |
| kwal (de) | **manet** (m/f), **meduse** (m) | ['manet], [me'dʉsə] |
| octopus (de) | **blekksprut** (m) | ['blek,sprʉt] |
| zeester (de) | **sjøstjerne** (m/f) | ['ʂø,stjæ:ɳə] |
| zee-egel (de) | **sjøpinnsvin** (n) | ['ʂø:'pin,svin] |
| zeepaardje (het) | **sjøhest** (m) | ['ʂø,hɛst] |
| oester (de) | **østers** (m) | ['østəʂ] |
| garnaal (de) | **reke** (m/f) | ['rekə] |
| kreeft (de) | **hummer** (m) | ['hʉmər] |
| langoest (de) | **langust** (m) | [laŋ'gʉst] |

## 92. Amfibieén. Reptielen

| | | |
|---|---|---|
| slang (de) | **slange** (m) | ['ʂlaŋə] |
| giftig (slang) | **giftig** | ['jifti] |
| adder (de) | **hoggorm, huggorm** (m) | ['hʊg,ɔrm], ['hʉg,ɔrm] |
| cobra (de) | **kobra** (m) | ['kʊbra] |
| python (de) | **pyton** (m) | ['pytɔn] |
| boa (de) | **boaslange** (m) | ['bɔa,slaŋə] |
| ringslang (de) | **snok** (m) | ['snʊk] |

| | | |
|---|---|---|
| ratelslang (de) | **klapperslange** (m) | ['klapə,slaŋə] |
| anaconda (de) | **anakonda** (m) | [ana'kɔnda] |
| hagedis (de) | **øgle** (m/f) | ['øglə] |
| leguaan (de) | **iguan** (m) | [igʉ'an] |
| varaan (de) | **varan** (n) | [va'ran] |
| salamander (de) | **salamander** (m) | [sala'mandər] |
| kameleon (de) | **kameleon** (m) | [kaməle'ʊn] |
| schorpioen (de) | **skorpion** (m) | [skɔrpi'ʊn] |
| schildpad (de) | **skilpadde** (m/f) | ['ʂil,padə] |
| kikker (de) | **frosk** (m) | ['frɔsk] |
| pad (de) | **padde** (m/f) | ['padə] |
| krokodil (de) | **krokodille** (m) | [krʊkə'dilə] |

## 93. Insecten

| | | |
|---|---|---|
| insect (het) | **insekt** (n) | ['insɛkt] |
| vlinder (de) | **sommerfugl** (m) | ['sɔmər,fʉl] |
| mier (de) | **maur** (m) | ['maʊr] |
| vlieg (de) | **flue** (m/f) | ['flʉə] |
| mug (de) | **mygg** (m) | ['mʏg] |
| kever (de) | **bille** (m) | ['bilə] |
| wesp (de) | **veps** (m) | ['vɛps] |
| bij (de) | **bie** (m/f) | ['biə] |
| hommel (de) | **humle** (m/f) | ['hʉmlə] |
| horzel (de) | **brems** (m) | ['brɛms] |
| spin (de) | **edderkopp** (m) | ['ɛdər,kɔp] |
| spinnenweb (het) | **edderkoppnett** (n) | ['ɛdərkɔp,nɛt] |
| libel (de) | **øyenstikker** (m) | ['øjən,stikər] |
| sprinkhaan (de) | **gresshoppe** (m/f) | ['grɛs,hɔpə] |
| nachtvlinder (de) | **nattsvermer** (m) | ['nat,sværmər] |
| kakkerlak (de) | **kakerlakk** (m) | [kakə'lak] |
| mijt (de) | **flått, midd** (m) | ['flɔt], ['mid] |
| vlo (de) | **loppe** (f) | ['lɔpə] |
| kriebelmug (de) | **knott** (m) | ['knɔt] |
| treksprinkhaan (de) | **vandgresshoppe** (m/f) | ['van 'grɛs,hɔpə] |
| slak (de) | **snegl** (m) | ['snæjl] |
| krekel (de) | **siriss** (m) | ['si,ris] |
| glimworm (de) | **ildflue** (m/f), **lysbille** (m) | ['il,flʉə], ['lys,bilə] |
| lieveheersbeestje (het) | **marihøne** (m/f) | ['mari,hønə] |
| meikever (de) | **oldenborre** (f) | ['ɔldən,bɔrə] |
| bloedzuiger (de) | **igle** (m/f) | ['iglə] |
| rups (de) | **sommerfugllarve** (m/f) | ['sɔmərfʉl,larvə] |
| aardworm (de) | **meitemark** (m) | ['mæjtə,mark] |
| larve (de) | **larve** (m/f) | ['larvə] |

# FLORA

## 94. Bomen

| | | |
|---|---|---|
| boom (de) | **tre** (n) | ['trɛ] |
| loof- (abn) | **løv-** | ['løv-] |
| dennen- (abn) | **bar-** | ['bɑr-] |
| groenblijvend (bn) | **eviggrønt** | ['ɛvi,grœnt] |
| appelboom (de) | **epletre** (n) | ['ɛplə,trɛ] |
| perenboom (de) | **pæretre** (n) | ['pære,trɛ] |
| zoete kers (de) | **morelltre** (n) | [mʊ'rɛl,trɛ] |
| zure kers (de) | **kirsebærtre** (n) | ['çiʂəbær,trɛ] |
| pruimelaar (de) | **plommetre** (n) | ['plʊme,trɛ] |
| berk (de) | **bjørk** (f) | ['bjœrk] |
| eik (de) | **eik** (f) | ['æjk] |
| linde (de) | **lind** (m/f) | ['lin] |
| esp (de) | **osp** (m/f) | ['ɔsp] |
| esdoorn (de) | **lønn** (m/f) | ['lœn] |
| spar (de) | **gran** (m/f) | ['grɑn] |
| den (de) | **furu** (m/f) | ['fʉrʉ] |
| lariks (de) | **lerk** (m) | ['lærk] |
| zilverspar (de) | **edelgran** (m/f) | ['ɛdəl,grɑn] |
| ceder (de) | **seder** (m) | ['sedər] |
| populier (de) | **poppel** (m) | ['pɔpəl] |
| lijsterbes (de) | **rogn** (m/f) | ['rɔŋn] |
| wilg (de) | **pil** (m/f) | ['pil] |
| els (de) | **or, older** (m/f) | ['ʊr], ['ɔldər] |
| beuk (de) | **bøk** (m) | ['bøk] |
| iep (de) | **alm** (m) | ['ɑlm] |
| es (de) | **ask** (m/f) | ['ɑsk] |
| kastanje (de) | **kastanjetre** (n) | [kɑ'stɑnje,trɛ] |
| magnolia (de) | **magnolia** (m) | [mɑŋ'nʊliɑ] |
| palm (de) | **palme** (m) | ['pɑlmə] |
| cipres (de) | **sypress** (m) | [sʏ'prɛs] |
| mangrove (de) | **mangrove** (m) | [mɑŋ'grʊvə] |
| baobab (apenbroodboom) | **apebrødtre** (n) | ['ɑpebrø,trɛ] |
| eucalyptus (de) | **eukalyptus** (m) | [ɛvkɑ'lyptʉs] |
| mammoetboom (de) | **sequoia** (m) | ['sek,vɔja] |

## 95. Heesters

| | | |
|---|---|---|
| struik (de) | **busk** (m) | ['bʉsk] |
| heester (de) | **busk** (m) | ['bʉsk] |

| | | |
|---|---|---|
| wijnstok (de) | **vinranke** (m) | ['vin,rankə] |
| wijngaard (de) | **vinmark** (m/f) | ['vin,mark] |
| frambozenstruik (de) | **bringebærbusk** (m) | ['briŋə,bær bʉsk] |
| zwarte bes (de) | **solbærbusk** (m) | ['sʊlbær,bʉsk] |
| rode bessenstruik (de) | **ripsbusk** (m) | ['rips,bʉsk] |
| kruisbessenstruik (de) | **stikkelsbærbusk** (m) | ['stikəlsbær,bʉsk] |
| acacia (de) | **akasie** (m) | [ɑ'kasiə] |
| zuurbes (de) | **berberis** (m) | ['bærberis] |
| jasmijn (de) | **sjasmin** (m) | [ʂɑs'min] |
| jeneverbes (de) | **einer** (m) | ['æjnər] |
| rozenstruik (de) | **rosenbusk** (m) | ['rʊsən,bʉsk] |
| hondsroos (de) | **steinnype** (m/f) | ['stæjn,nypə] |

## 96. Vruchten. Bessen

| | | |
|---|---|---|
| vrucht (de) | **frukt** (m/f) | ['frʉkt] |
| vruchten (mv.) | **frukter** (m/f pl) | ['frʉktər] |
| appel (de) | **eple** (n) | ['ɛplə] |
| peer (de) | **pære** (m/f) | ['pærə] |
| pruim (de) | **plomme** (m/f) | ['plʊmə] |
| aardbei (de) | **jordbær** (n) | ['ju:r,bær] |
| zure kers (de) | **kirsebær** (n) | ['çiʂə,bær] |
| zoete kers (de) | **morell** (m) | [mʊ'rɛl] |
| druif (de) | **drue** (m) | ['drʉə] |
| framboos (de) | **bringebær** (n) | ['briŋə,bær] |
| zwarte bes (de) | **solbær** (n) | ['sʊl,bær] |
| rode bes (de) | **rips** (m) | ['rips] |
| kruisbes (de) | **stikkelsbær** (n) | ['stikəls,bær] |
| veenbes (de) | **tranebær** (n) | ['tranə,bær] |
| sinaasappel (de) | **appelsin** (m) | [ɑpel'sin] |
| mandarijn (de) | **mandarin** (m) | [mɑndɑ'rin] |
| ananas (de) | **ananas** (m) | ['ɑnɑnɑs] |
| banaan (de) | **banan** (m) | [bɑ'nɑn] |
| dadel (de) | **daddel** (m) | ['dɑdəl] |
| citroen (de) | **sitron** (m) | [si'trʊn] |
| abrikoos (de) | **aprikos** (m) | [ɑpri'kʊs] |
| perzik (de) | **fersken** (m) | ['fæʂkən] |
| kiwi (de) | **kiwi** (m) | ['kivi] |
| grapefruit (de) | **grapefrukt** (m/f) | ['grɛjp,frʉkt] |
| bes (de) | **bær** (n) | ['bær] |
| bessen (mv.) | **bær** (n pl) | ['bær] |
| vossenbes (de) | **tyttebær** (n) | ['tʏtə,bær] |
| bosaardbei (de) | **markjordbær** (n) | ['mark ju:r,bær] |
| bosbes (de) | **blåbær** (n) | ['blɔ,bær] |

## 97. Bloemen. Planten

| | | |
|---|---|---|
| bloem (de) | **blomst** (m) | ['blɔmst] |
| boeket (het) | **bukett** (m) | [bʉ'kɛt] |
| roos (de) | **rose** (m/f) | ['rʊsə] |
| tulp (de) | **tulipan** (m) | [tʉli'pɑn] |
| anjer (de) | **nellik** (m) | ['nɛlik] |
| gladiool (de) | **gladiolus** (m) | [glɑdi'ɔlʉs] |
| korenbloem (de) | **kornblomst** (m) | ['kʊ:ɳ̩ˌblɔmst] |
| klokje (het) | **blåklokke** (m/f) | ['blɔˌklɔkə] |
| paardenbloem (de) | **løvetann** (m/f) | ['løvəˌtɑn] |
| kamille (de) | **kamille** (m) | [kɑ'milə] |
| aloë (de) | **aloe** (m) | ['ɑlʊe] |
| cactus (de) | **kaktus** (m) | ['kɑktʉs] |
| ficus (de) | **gummiplante** (m/f) | ['gʉmiˌplɑntə] |
| lelie (de) | **lilje** (m) | ['liljə] |
| geranium (de) | **geranium** (m) | [ge'rɑnium] |
| hyacint (de) | **hyasint** (m) | [hiɑ'sint] |
| mimosa (de) | **mimose** (m/f) | [mi'mɔsə] |
| narcis (de) | **narsiss** (m) | [nɑ'ʂis] |
| Oostindische kers (de) | **blomkarse** (m) | ['blɔmˌkɑʂə] |
| orchidee (de) | **orkidé** (m) | [ɔrki'de] |
| pioenroos (de) | **peon, pion** (m) | [pe'ʊn], [pi'ʊn] |
| viooltje (het) | **fiol** (m) | [fi'ʊl] |
| driekleurig viooltje (het) | **stemorsblomst** (m) | ['stemʊʂˌblɔmst] |
| vergeet-mij-nietje (het) | **forglemmegei** (m) | [fɔr'gleməˌjæj] |
| madeliefje (het) | **tusenfryd** (m) | ['tʉsənˌfryd] |
| papaver (de) | **valmue** (m) | ['vɑlmʉə] |
| hennep (de) | **hamp** (m) | ['hɑmp] |
| munt (de) | **mynte** (m/f) | ['mʏntə] |
| lelietje-van-dalen (het) | **liljekonvall** (m) | ['liljə kɔn'vɑl] |
| sneeuwklokje (het) | **snøklokke** (m/f) | ['snøˌklɔkə] |
| brandnetel (de) | **nesle** (m/f) | ['nɛslə] |
| veldzuring (de) | **syre** (m/f) | ['syrə] |
| waterlelie (de) | **nøkkerose** (m/f) | ['nøkəˌrʊse] |
| varen (de) | **bregne** (m/f) | ['brɛjnə] |
| korstmos (het) | **lav** (m/n) | ['lɑv] |
| oranjerie (de) | **drivhus** (n) | ['drivˌhʉs] |
| gazon (het) | **gressplen** (m) | ['grɛsˌplen] |
| bloemperk (het) | **blomsterbed** (n) | ['blɔmstərˌbed] |
| plant (de) | **plante** (m/f), **vekst** (m) | ['plɑntə], ['vɛkst] |
| gras (het) | **gras** (n) | ['grɑs] |
| grasspriet (de) | **grasstrå** (n) | ['grɑsˌstrɔ] |

| | | |
|---|---|---|
| blad (het) | **blad** (n) | ['blɑ] |
| bloemblad (het) | **kronblad** (n) | ['krɔn,blɑ] |
| stengel (de) | **stilk** (m) | ['stilk] |
| knol (de) | **rotknoll** (m) | ['rʊt,knɔl] |
| scheut (de) | **spire** (m/f) | ['spirə] |
| doorn (de) | **torn** (m) | ['tʊ:ɳ] |
| bloeien (ww) | **å blomstre** | [ɔ 'blɔmstrə] |
| verwelken (ww) | **å visne** | [ɔ 'visnə] |
| geur (de) | **lukt** (m/f) | ['lʉkt] |
| snijden (bijv. bloemen ~) | **å skjære av** | [ɔ 'ʂæ:rə ɑ:] |
| plukken (bloemen ~) | **å plukke** | [ɔ 'plʉkə] |

## 98. Granen, graankorrels

| | | |
|---|---|---|
| graan (het) | **korn** (n) | ['kʊ:ɳ] |
| graangewassen (mv.) | **cerealer** (n pl) | [sere'ɑlər] |
| aar (de) | **aks** (n) | ['ɑks] |
| tarwe (de) | **hvete** (m) | ['vetə] |
| rogge (de) | **rug** (m) | ['rʉg] |
| haver (de) | **havre** (m) | ['hɑvrə] |
| gierst (de) | **hirse** (m) | ['hiʂə] |
| gerst (de) | **bygg** (m/n) | ['bʏg] |
| maïs (de) | **mais** (m) | ['mɑis] |
| rijst (de) | **ris** (m) | ['ris] |
| boekweit (de) | **bokhvete** (m) | ['bʊk,vetə] |
| erwt (de) | **ert** (m/f) | ['æ:ʈ] |
| boon (de) | **bønne** (m/f) | ['bœnə] |
| soja (de) | **soya** (m) | ['sɔja] |
| linze (de) | **linse** (m/f) | ['linsə] |
| bonen (mv.) | **bønner** (m/f pl) | ['bœnər] |

# LANDEN VAN DE WERELD

## 99. Landen. Deel 1

| | | |
|---|---|---|
| Afghanistan (het) | **Afghanistan** | [af'gani͵stan] |
| Albanië (het) | **Albania** | [al'bania] |
| Argentinië (het) | **Argentina** | [argɛn'tina] |
| Armenië (het) | **Armenia** | [ar'menia] |
| Australië (het) | **Australia** | [aʊ'stralia] |
| Azerbeidzjan (het) | **Aserbajdsjan** | [aserbajd'ʂan] |
| Bahama's (mv.) | **Bahamas** | [ba'hamas] |
| Bangladesh (het) | **Bangladesh** | [bangla'dɛʂ] |
| België (het) | **Belgia** | ['bɛlgia] |
| Bolivia (het) | **Bolivia** | [bɔ'livia] |
| Bosnië en Herzegovina (het) | **Bosnia-Hercegovina** | ['bɔsnia hersegɔ͵vina] |
| Brazilië (het) | **Brasilia** | [bra'silia] |
| Bulgarije (het) | **Bulgaria** | [bʉl'garia] |
| Cambodja (het) | **Kambodsja** | [kam'bɔdʂa] |
| Canada (het) | **Canada** | ['kanada] |
| Chili (het) | **Chile** | ['tʂilə] |
| China (het) | **Kina** | ['çina] |
| Colombia (het) | **Colombia** | [kɔ'lʊmbia] |
| Cuba (het) | **Cuba** | ['kʉba] |
| Cyprus (het) | **Kypros** | ['kʏprʊs] |
| Denemarken (het) | **Danmark** | ['danmark] |
| Dominicaanse Republiek (de) | **Dominikanske Republikken** | [dʊmini'kanskə repʉ'blikən] |
| Duitsland (het) | **Tyskland** | ['tʏsklan] |
| Ecuador (het) | **Ecuador** | [ɛkʊa'dɔr] |
| Egypte (het) | **Egypt** | [ɛ'gypt] |
| Engeland (het) | **England** | ['ɛŋlan] |
| Estland (het) | **Estland** | ['ɛstlan] |
| Finland (het) | **Finland** | ['finlan] |
| Frankrijk (het) | **Frankrike** | ['frankrikə] |
| Frans-Polynesië | **Fransk Polynesia** | ['fransk pɔly'nesia] |
| Georgië (het) | **Georgia** | [ge'ɔrgia] |
| Ghana (het) | **Ghana** | ['gana] |
| Griekenland (het) | **Hellas** | ['hɛlas] |
| Groot-Brittannië (het) | **Storbritannia** | ['stʊr bri͵tania] |
| Haïti (het) | **Haiti** | [ha'iti] |
| Hongarije (het) | **Ungarn** | ['ʉŋa:ɳ] |
| Ierland (het) | **Irland** | ['irlan] |
| IJsland (het) | **Island** | ['islan] |
| India (het) | **India** | ['india] |
| Indonesië (het) | **Indonesia** | [indʊ'nesia] |

| Irak (het) | Irak | ['irɑk] |
| Iran (het) | Iran | ['irɑn] |
| Israël (het) | Israel | ['isrɑəl] |
| Italië (het) | Italia | [i'tɑliɑ] |

## 100. Landen. Deel 2

| Jamaica (het) | Jamaica | [ʂɑ'mɑjkɑ] |
| Japan (het) | Japan | ['jɑpɑn] |
| Jordanië (het) | Jordan | ['jɔrdɑn] |
| Kazakstan (het) | Kasakhstan | [kɑ'sɑk‚stɑn] |
| Kenia (het) | Kenya | ['kenyɑ] |
| Kirgizië (het) | Kirgisistan | [kir'gisi‚stɑn] |
| Koeweit (het) | Kuwait | ['kʉvɑjt] |

| Kroatië (het) | Kroatia | [krʉ'ɑtiɑ] |
| Laos (het) | Laos | ['lɑɔs] |
| Letland (het) | Latvia | ['lɑtviɑ] |
| Libanon (het) | Libanon | ['libɑnɔn] |
| Libië (het) | Libya | ['libiɑ] |
| Liechtenstein (het) | Liechtenstein | ['lihtɛnʂtæjn] |
| Litouwen (het) | Litauen | ['li‚tɑʉən] |

| Luxemburg (het) | Luxembourg | ['lʉksɛm‚bʉrg] |
| Macedonië (het) | Makedonia | [mɑke'dɔniɑ] |
| Madagaskar (het) | Madagaskar | [mɑdɑ'gɑskɑr] |
| Maleisië (het) | Malaysia | [mɑ'lɑjsiɑ] |
| Malta (het) | Malta | ['mɑltɑ] |
| Marokko (het) | Marokko | [mɑ'rɔkʉ] |
| Mexico (het) | Mexico | ['mɛksikʉ] |

| Moldavië (het) | Moldova | [mɔl'dɔvɑ] |
| Monaco (het) | Monaco | [mʉ'nɑkʉ] |
| Mongolië (het) | Mongolia | [mʉŋ'guliɑ] |
| Montenegro (het) | Montenegro | ['mɔntə‚nɛgrʉ] |
| Myanmar (het) | Myanmar | ['mjænmɑ] |
| Namibië (het) | Namibia | [nɑ'mibiɑ] |
| Nederland (het) | Nederland | ['nedə‚lɑn] |

| Nepal (het) | Nepal | ['nepɑl] |
| Nieuw-Zeeland (het) | New Zealand | [njʉ'selɑn] |
| Noord-Korea (het) | Nord-Korea | ['nuːr kʉ'rɛɑ] |
| Noorwegen (het) | Norge | ['nɔrgə] |
| Oekraïne (het) | Ukraina | [ʉkrɑ'inɑ] |
| Oezbekistan (het) | Usbekistan | [ʉs'beki‚stɑn] |
| Oostenrijk (het) | Østerrike | ['østə‚rikə] |

## 101. Landen. Deel 3

| Pakistan (het) | Pakistan | ['pɑki‚stɑn] |
| Palestijnse autonomie (de) | Palestina | [pɑle'stinɑ] |
| Panama (het) | Panama | ['pɑnɑmɑ] |

| | | |
|---|---|---|
| Paraguay (het) | **Paraguay** | [parag'waj] |
| Peru (het) | **Peru** | [pe'ru:] |
| Polen (het) | **Polen** | ['pʊlen] |
| Portugal (het) | **Portugal** | [pɔ:ʈʉ'gal] |
| Roemenië (het) | **Romania** | [rʊ'mania] |
| Rusland (het) | **Russland** | ['rʉslan] |
| Saoedi-Arabië (het) | **Saudi-Arabia** | ['saʊdi a'rabia] |
| Schotland (het) | **Skottland** | ['skɔtlan] |
| Senegal (het) | **Senegal** | [sene'gal] |
| Servië (het) | **Serbia** | ['særbia] |
| Slovenië (het) | **Slovenia** | [ʂlʊ'venia] |
| Slowakije (het) | **Slovakia** | [ʂlʊ'vakia] |
| Spanje (het) | **Spania** | ['spania] |
| Suriname (het) | **Surinam** | ['sʉri͵nam] |
| Syrië (het) | **Syria** | ['syria] |
| Tadzjikistan (het) | **Tadsjikistan** | [ta'dʂiki͵stan] |
| Taiwan (het) | **Taiwan** | ['taj͵van] |
| Tanzania (het) | **Tanzania** | ['tansa͵nia] |
| Tasmanië (het) | **Tasmania** | [tas'mania] |
| Thailand (het) | **Thailand** | ['tajlan] |
| Tsjechië (het) | **Tsjekkia** | ['tʂɛkija] |
| Tunesië (het) | **Tunisia** | ['tʉ'nisia] |
| Turkije (het) | **Tyrkia** | [tyrkia] |
| Turkmenistan (het) | **Turkmenistan** | [tʉrk'meni͵stan] |
| Uruguay (het) | **Uruguay** | [ʉrygʊ'aj] |
| Vaticaanstad (de) | **Vatikanet** | ['vati͵kane] |
| Venezuela (het) | **Venezuela** | [venesʉ'ɛla] |
| Verenigde Arabische Emiraten | **Forente Arabiske Emiratene** | [fɔ'rentə a'rabiskə ɛmi'ratenə] |
| Verenigde Staten van Amerika | **Amerikas Forente Stater** | [a'merikas fɔ'rɛntə 'statər] |
| Vietnam (het) | **Vietnam** | ['vjɛtnam] |
| Wit-Rusland (het) | **Hviterussland** | ['vitə͵rʉslan] |
| Zanzibar (het) | **Zanzibar** | ['sansibar] |
| Zuid-Afrika (het) | **Republikken Sør-Afrika** | [repʉ'bliken 'sør͵afrika] |
| Zuid-Korea (het) | **Sør-Korea** | ['sør kʊ͵rea] |
| Zweden (het) | **Sverige** | ['sværiə] |
| Zwitserland (het) | **Sveits** | ['svæjts] |

www.ingramcontent.com/pod-product-compliance
Lightning Source LLC
Chambersburg PA
CBHW070818050426
42452CB00011B/2089
* 9 7 8 1 7 8 4 9 2 3 8 6 0 *